JN244663

超広告批評

広告がこれからも生き延びるために

KOUJI IKEMOTO
池本　孝慈

序章

僕が問題広告を批評する理由

広告とは何か

広告とは何だろうか。

この問いは愚問である。なぜなら、とっくの昔に定義され、その後の時代の変化にも耐えながら、いかなる時代の変化に対しても揺るぐことない定義として定まっている概念だからだ。にもかかわらず広告という言葉は、語る者の思惑と都合によって様々なニュアンスを含みながら多義的に語られてきた。

１９８０年代のバブル期、広告という言葉はニュー・アカデミズム、ポストモダン思想の文脈で高度資本主義社会のキーワードとして登場することが多かった。フランスの思想家、ジャン・ボードリヤールの消費社会論の影響が大きかったのだろう。その根本には旧来のマルクス主義の価値形態論への批判があった。商品の価値はその生産にかかる労働の集約ではなく、高度消費社会において商品の価値は商品に付与されたコード＝記号の差異から生まれるというわけだ。ボードリヤールが言いたかったのは、高度消費社会において人は無意識のうちに様々なコードの差異に囲まれ生活しているから、近代哲学が主題としてきた「私とは何か」という命題、つまり、今風に言えば、所謂「本当の自分探し」と言われるようなアイデンティティーの追求は、その所与の時点で無意味なのではないかということである。

こうしたフランスを中心とする現代思想は、旧来のマルクス主義が持つアカデミズムの教条的な堅苦しさから開放した。まるで密教のようなソシュール言語学のシニフィアン、シニフィエ、ラカン派精神分析学の鏡像段階といった難解な用語を駆使し、自らもシミュラークル（＝まがい物、虚像を意味する）という造語を用いたその思想は、硬直化したアカデミズムを否定し、複雑な現代社会の諸現象を切りまくる爽快な知的エンターテインメントとして受容された。

ここで広告という言葉は、最先端で未来的なイメージとして語られることになった。つまり、人を幻惑し煙に巻く言葉として使われ始めた。「もはや、あらゆるものが広告なのだ。これから、未来をつくっていくのは生産ではない。消費である。高度消費社会、つまり、高度資本主義という未知の領域に入った現代において消費とは生産である。社会の原動力はもはや資本ではない。広告なのだ」と。

ネットを眺めていると「シミュラークル・マーケティング」という言葉に時々出くわす。あれから30年以上も経ったにもかかわらず、広告業界にはまだバブルの残り香が存在している。もはや苦笑する他ない。

バブルが崩壊すると、今度は「広告の終焉」が叫ばれ始めた。あれだけ世の中のすべては広告である、未来は広告がつくると言ってきたのが「広告はもう終わり。今どき広告の可能性とか言っているやつ、古いよね。時代が見えてない」というわけである。

勝手なものである。広告を生業にしてきた僕からすれば「何を勝手なことを言っているんだよ。

おまえが言う広告って何？」と小一時間問い詰めたくなる。自分の思惑や都合で勝手に定義を変えるんじゃない。

では、広告＝Advertisementはどう定義されているのか。世界最大のマーケティング従事者や研究者の組織であるアメリカ・マーケティング協会はこう定義する。

〈メッセージの中で識別可能な営利企業や営利組織または個人が、特定のオーディエンスに対して、製品、サービス、団体またはアイデアについて、伝達または説得をするために、様々な媒体を通して行う、有料の非個人的コミュニケーション〉

定義に加えて同協会は、広告主が明示されていること、ターゲットが認識されていること、メディアが有料で広告主が管理可能なことなどが広告の必要条件と強調する。つまり、広告とは、口コミ、報道とは区別され、広告主が、誰の目にも分かるように広告主の名を示し、お金を出しメディアを買い、一定層に向けてメディアで行うメッセージである。テレビＣＭ、新聞広告といった見た目の部分、つまり、表層的な〝広告っぽさ〟とは一切関係がない。

メディアが多様化し、広告手法が細分化された今も例外なく適用できる広告の定義であると思う。そこを踏まえて考えれば、あらゆるものが広告であるなんてことはないし、広告が終わり、新しい何かが広告に取って代わるなんてことは雑な戯言に過ぎないことが分かるだろう。

では、なぜ彼らは言うのか。きっとそれぞれの目的があるのだろう。ある人は「これからはあらゆるものが広告である時代だから、本来は入ってはいけないとされてきた領域にも僕らはどんどん進出していきますんで」とか、ある人は「広告はもうオワコン（「終わったコンテンツ」という意味のネットスラング）だから、これからは、僕らが考える新しい手法が主流になっていきますよ。さあ、あなたもどうですか」とか。要するに、広告的に機能する広告ではない何かを流行させ、広告ではない何ものかを使って、広告よりもゆるいルールで広告したいということだ。彼らは言う。「ルールが変わった」、「広告を再定義する」と。ルールも定義も何ら変わっていないし変わりもしないのに。

広告的に働く広告ではない何か

本来は言葉をどのような意味で使おうが自由ではある。けれども、あらゆる人が自分の思う意味で一つの言葉を使うようになると、コミュニケーションが成り立たなくなる。とりわけアカデミズムではその傾向が顕著だろうと思う。

アメリカ・マーケティング協会がなぜ広告を定義するのか。それは二つの意味があると僕は考える。一つは、定義しなければ研究や検証が正しく進まないというアカデミズム的な要請。もう一つは、経済活動としての広告活動のルールとしての側面だ。

それは、広告的に機能する広告ではない何かを社会的に排除するための定義という意味合いを持つ。なぜ排除しなければならないのか。それは、広告の定義から逸脱した広告ではない何かが広告的に機能した場合、健全な社会や経済活動に著しく支障をきたしてしまうからだ。

例えば、昨今、国際的に問題になっているフェイクニュース。その名の通り情報源がフェイク=偽であることがクローズアップされがちではあるし、基本的かつ絶対的な原則から言っても情報源が偽、嘘であることは断じて許されないことではあるが、広告的に見ると別の重要な問題も見えてくる。

広義のフェイクニュースは偽情報がテレビや新聞、SNS等で流通されることではあるが、ここではアメリカ大統領選挙に影響を与えたと疑われる「ロシアゲート」と呼ばれるフェイクニュース疑惑を例にとりたい。これは、2016年のアメリカ大統領選においてロシア連邦がサイバー攻撃やSNSを使ったプロパガンダ手法により共和党の大統領候補だったドナルド・トランプが有利になるように世論工作を行ったと疑われる事件である。広告的に見て何が問題なのか。

こうしたフェイクニュースの流通は、少なくとも論理的には大統領選にある種の広告的効果を生み出してしまう。しかし、これらはすべて広告ではない。ニュースサイトに掲載される記事であり、SNSで個人が発信しているオピニオンだったりする。これらの情報がすべて嘘であることが問題視されるが、もしこれらの情報が本当だったら許されるものだったのだろうか。答えは否である。

大量に流通されるフェイクニュースはすべて記事や個人のオピニオンを装う。ある特定の国家による工作だとは分からない。これが許されるならば、ある国家の国内問題に対して違う国家が世論を誘導することが可能になってしまう。これは国家間でなくても、企業と消費者の関係でも同じである。

やや難しい論理にはなるが、広告的に働く広告ではない何かは広告である。広告ではない何かであっても広告として働く限りは、広告としてのルールが求められる。健全な社会と経済活動を維持していくために必要だからである。アメリカ・マーケティング協会の定義に即して言えば〈明示された広告主〉という要件を満たさない限り、広告的に機能する広告ではない何かは絶えず警戒され、厳しく批判され、排除されるべきなのだと思う。あまりに厳しく対応すると息苦しく、逆に広告の大らかなチャレンジが阻害されてしまうのではないか、という意見もあるだろう。しかし、ならば聞きたい。これまで多くの恩恵を社会に与えてきた広告モデルが壊れてしまったら、広告の未来もないではないか。

問題広告を批評するということ

少しだけ自分語りをお許しいただきたい。月刊経済情報誌『ZAITEN』で広告批評の連載を始めることになったのは、この雑誌でタレント広告の現状が特集される際に、広告代理店でクリエイティブ・ディレクターとして様々なCM制作に携わってきた業界人として、ルポライターの古川琢也氏に取材されたことがきっかけだった。僕が「ある広告人の告白（あるいは愚痴かもね）」というブログを運営していて、その中に「タレント広告はなぜなくならないのか」等、複数の関連記事を書いたりしていたことが影響したのかもしれない。

その後、いくつかの広告関連特集で関わるうちに、本書の担当編集者、河野望氏から「広告批評の連載をやりませんか」というお誘いがあった。裏話で言えば、広告業界を代表するクリエイティブ・ディレクター、O氏に依頼し断られたということだった（本書では基本的に匿名は用いないが、本人が断られたということを考慮して匿名にした。特に深い意味はない）。ZAITENは他の経済誌とは違い、批判を基軸とした辛口な視点で知られる。当然、広告批評も褒めるのではなく批判を中心に据えたいということだった。

当時を思い出すと、「そりゃ断るわなぁ。広告制作者に広告批評をやらせたいなんて、無茶言いよるなぁ。仕事もやりづらくなるし、少なくとも現役の広告人は誰もやりたがらないのではないかな」と思った覚えがある。ただ、同時に思ったのは「なるほどなぁ。ある意味、こういうことができるのは広告業界広しといえど、ある程度のリスクを受け止められる僕くらいしかおらんかもなぁ」ということだった。それに何よりも、バブルを経験している世代の広告人たちが、自らの成功体験に固執し、変わりゆく時代に対応もせず、そのツケを後に続く世代に残したまま逃げ切る姿を数多く見てきて、僕が彼らと同じような生き方をすることに対する拒否感もあった。それに僕は、優秀なテレビやラジオ番組に贈られるギャラクシー賞を主催する放送批評懇談会というNPO（非営利団体）とも関わっていて、その放送批評懇談会を創立した故・志賀信夫氏の「批評なきところに発展なし」という言葉も頭によぎった。

『広告批評』という名の雑誌はあったけれど、広告には批評はなかったという思いもあった。あるのはサロン的な馴れ合いで、その傾向はますます強くなっているようにも思えた。誰もやりたがらないことであれば、やる価値があるのではないか。そう考えて受けることにした。連載初回の原稿を紹介したい。当時は「池本孝慈の新・広告批評 これ、あかんヤツやろ。」というコーナータイトルだった。今あらためて読むと文章が少し気負っていて恥ずかしいけれど。

批判精神がなく〝身内褒め〟が横行する広告業界の現状

あの広告「オモロイ」とか「オモンナイ」とかあるだろうけど、重要なのはそこじゃない。オモロイ広告でも広告としてあかんヤツもあるし、オモンナイと酷評されていても広告として優秀なヤツもたくさんある。これが文学や映画の評価とは違う広告評価の難しさだ。オモロイに越したことはない。でも、オモロイだけではいい広告とは言えない。そこが広告のオモロいところだったりもするのだ。

そう言えば〈つまんない広告をする企業は、ほぼ、つまんない。〉（２０００年・ＫＤＤＩ）という広告があったことを思い出した。誤解のないように言っておくと、この広告は当時とてもいい広告だった。

でも、そのメッセージをそのまま受け取る純朴な消費者は今どれだけいるだろうか。あれから16年、オモロイ広告を打ち続けているにもかかわらず、商品が売れずに株価も世間の評価もダダ下がりの企業をたくさん見てきたし、広告のオモロさと市場におけるシェアが必ずしも比例しないのは、もはや常識だ。

かつて『広告批評』という雑誌があった。キラ星のような作品が誌面を飾っていた。広告を批評することで時代を語ることができたシアワセな時代だった。やがて世間は広告が効かなくなってきたと言い始めた。

08年、故・天野祐吉さんは自らつくった『広告批評』を終わらせた。でも、広告における批評の不在は現在の広告にとって不幸なことだと僕は思っている。

メディアの細分化と多様化で何が良くて何がダメなのかの基準が曖昧になり、「いくらなんでもこれを許してたらアカンやろ」という広告もたやすく見逃されるようになってきたようにも感じる。医薬品広告、タレント広告、ウェブ広告。課題は山積みだ。その一方で、ＳＮＳの発達で誰もがものを言える時代になって、何でもない広告がたやすく炎上するようにもなってきた。広告への不信、広告業界への不信をこれ以上大きくするわけにはいかない。

僕は外資系広告会社でクリエイティブ・ディレクターとしてマス広告の制作に携わり、その後、ウェブマガジン『ほぼ日刊イトイ新聞』を運営する東京糸井重里事務所に移った。今は独立し、マスメディアとウェブを行ったり来たりしながら大阪と東京を中心に活動している。この国の広告人のキャリアとしては少しばかり異色だろうと思っている。

僕自身も批評対象である広告人だ。けれども今の時代に必要な広告批評は広告で時代を批評するのではなく広告や広告というシステムを批評するものでなければならない。そのためには専門性が必要だ。業界の誰かがその役を引き受けなければ始まらない。ならばまず僕がやろうと思った。やるからにはヌルい批評にはしない。ここには企業の商行為に対する厳しい目もある。業界人にありがちな身内褒めは通用しないだろう。「これ、あかんヤツやろ。」というタイトルは僕なりの覚悟の表明だ。

次回は「家庭教師のトライ」のテレビCMを取り上げる。


「池本孝慈の新広告批評　これ、あかんヤツやろ。」（ZAITEN 16年10月号）

こういう連載をするようになってあらためて痛感することは、政治や経済の領域と比較して広告については不祥事や失敗作についての情報があまりにも少ないということだ。記事を書くにあたって過去に出版された書籍や広告業界誌を参照するのだが、ほとんどは広告の新しい流れを礼賛する記事や広告作品を褒める記事である。これは書き手としては思いの外困る。政治でも経済でも不祥事に関する記録を振り返ることで現在や未来への教訓とすることができる。けれども、広告にはそれがない。

ネットでは炎上広告について様々な人たちがその思いの丈を語っているが、たぶんその言葉は後世に残ることはないだろう。僕らは、デジタル情報は半永久的に残るものだと思ってきた。しかし、今あらためて思うことは、デジタル情報はメディアやサービスが廃止されてしまえば、いとも簡単に消えてしまうということだ。消えてしまえば跡形もなくこの世からなくなる。それが、インターネット誕生から数十年経ち、人々の間に広く普及した現代における、デジタルというものの正しい認識だと思う。

未来の広告人が教訓を得られない。そういう状況を、今を生きる僕たちがつくりたくない。褒めることは誰もがするから、僕がやる必要もないだろう。批判を基軸にした広告批評を僕がやる意味は、そこにもある。ま、今は気楽なフリー稼業でもあるし、業界に嫌われたところでそんなにリスクもないというのもあるけれど。

平成の広告史を記録しておきたい

連載でも触れているが、僕のキャリアはやや特異であるとは思う。ここには書いていないが、僕のキャリアの始まりは大阪のベーシックデザイン会社で、初めてもらった肩書はＣＩプランナーだった。ＣＩとはコーポレート・アイデンティティーの略で、主に企業ロゴなどを制作する。バブル期には花形の業界だった。「ロゴひとつ、10億円」と言われていた。これはあながち誇張でもなく、実際に予算が10億円を超えるプロジェクトも少なくなかったと思う。もちろん、制作するのは企業ロゴだけではなく、システムデザインと呼ばれる名刺から社屋の看板、営業車、制服、広告デザインフォーマットなどのコーポレートデザインのあらゆるツールが含まれるし、企業哲学といった言葉もつくる。

入社したのはバブルが終わりかけの頃で、次第にＣＩの受注が少なくなって業績が傾き始める。大規模なリストラが始まり、人手が足りなくなって僕はＣＩプランナーとコピーライターを兼任することになる。それが僕と広告の出会いである。大学時代も特に広告に興味があったわけではない。

僕は時代の変化に身を任せるように広告制作の道に入っていった。大手広告代理店のプロジェクトを受注しともに広告制作に携わる広告制作会社を経て、サーチ＆サーチ・ベイツ・読広、電通ヤング・アンド・ルビカムと渡り歩いた。そして、ブログを読んでくれていた糸井重里氏に誘われて東京糸井重里事務所に参加した。ＣＩという大規模プロジェクトからマス広告へ、そしてウェブの世界へ。ある意味で、僕のこれまでのキャリアは平成の時代の流れとともにあったと言えるかもしれない。

僕はそれほど元号にこだわりはないけれど、令和という新しい時代に、あくまで僕個人の私的な歴史ではあるが、一つの平成の広告史を残すのも意味があることではないか、という思いもある。ともあれ、過去に掲載された連載原稿とともにしばしお付き合いいただきたい。

目次

超広告批評

特別講義

第四章

タレント広告という文化的病理

第一章

バブル崩壊と下部構造としてのインターネット

広告とバブル

バブルという言葉は恣意的に使われる傾向があるから、ここで定義を明らかにしておく。バブル景気は、景気動向指数に基づく正式な定義では１９８９年（昭和61年）12月から91年（平成３年）２月までの好景気を指す。89年の大納会では日経平均株価が史上最高値３万８９１５円を記録している。

広告にとってバブルとは何か。自同律っぽい答えになってしまうが、それは広告にとってもバブルであったと言っていいと思う。つまり、バブル期の広告や広告業界人のメンタリティーは普遍として語れないし、語ってはいけないということだ。これは前述のＣＩにも言えることだが、10億円もの予算をつけて大型プロジェクトを連発できたのはお金が余っていたからでもある。身も蓋もなく言えば、「税金を払うくらいなら将来につながる広告でも打っておけ」という損得勘定があったことは容易に想像できる。

このバブル期の広告を「広告の黄金期」と形容する向きもあるが、その認識は広告の理解を誤らせる。あの時期は特別であると考えるのが妥当だと思う。当時の広告業界誌を読み直してみると、コピーライターが「商品に機能差がなくなってきた今、その商品を選ぶ基準は広告にしかないわけなんです。いかに自分にフィットしたイメージをその商品がまとっているか。そこが問われているわけで。つまり、そのイメージの作り手である僕たちコピーライターの人間的な深さが今問われているのだと思いますね」というようなふわっとした発言が多く見られる。これは当時流行していたニュー・アカデミズムの日本的な受容が影響しているのだろうが、今思うと呑気なものだなという感想しか浮かばない。

第二章で詳述するので、ここでは簡単な指摘にとどめるが、バブル期は例外であり、80年代の広告を基準としてその連続性として現在の広告を見れば、そこには「税金を払うくらいなら広告を打つ」という動機が消えて、通常運転に戻った状態が現在の広告の姿であると言えるだろう。余談ではあるが、今、若い人が広告を学ぶならば、80年代のバブル期は例外としてとらえ、むしろ50年代から70年代にかけて発展した広告手法や理論を現代ともう一度接続させて、新しくとらえ直すことが有用だと思っている。

インターネットの衝撃

お金が余って余って仕方がない特別な環境が終わりを迎えた。一時的にはきつい状況にはなったが、基本的には慣れるしかない。そう思えた時に、広告にとっては根本的な状況の変化をもたらす新しいテクノロジーがやって来る。インターネットである。

商用インターネットがアメリカで始まったのは１９８８年ではあるが、インターネットが名実ともに一般に普及したのは、Ｗｉｎｄｏｗｓ 95が発売された95年だろう。それでもまだまだ一部の人が使うだけだったインターネットは、またたくまに一般社会に普及していく。しかし、95年から2000年にかけてはインターネットには広告はそれほど多くなかった。また、広告の配信システムも新聞や雑誌と同じ、あらかじめ決められた広告枠を営業マンが広告主に売る「枠売」だった。

僕の経験で言えば、04年、タイレノールという頭痛薬のCMを制作した際にYahoo! JAPANのトップページ右上の「トップレクタングル」という名の広告枠に広告を出稿した時のことを思い出す。現在も同じだと思うが、スペシャル企画を除いたレギュラー枠ではYahoo! JAPANのトップレクタングルはインターネットで最も高額な広告枠だった。そこに広告を掲載する際に、高速回線が普及しておらず動画広告がほとんどなかった時代にCM動画と同じ動画を掲載しようと考えた。通常の動画ファイルでは容量が重すぎて掲載できない。掲載できたとしても通常のネット環境では動画が動かない。そこで、動画ファイルの容量を限界まで軽くすることにした。制作した動画は白バックのスタジオで赤いドレスを着た女性が紙飛行機を投げるというものだった。つまり、画面のほとんどが赤と白。動画ファイルは複雑なグラデーションを持った色があればあるほど重くなる。ほぼ単色のこのCMは有利だった。それでも、真っ白や真っ赤に人の目には見えても、じつは画像としては複雑な色情報を持っている。そこで、一コマ一コマ、人の目に自然に見えるかたちで色情報を少なくしていくことにした。コマ数もできる限り減らした。地道な作業の末に、なめらかに動く動画にもかかわらず、ほとんど画像と同じ程度の容量に落とすことができた。一般の遅い回線でもYahoo! JAPANの小さな広告枠の中で、CMと同じように動画が動いた。

今ではネットの動画広告は当たり前ではあるが、当時は見たこともない経験で、当時としては破格の閲覧数を叩き出した。しばらくYahoo! JAPANの営業パンフレットの広告枠事例紹介に掲載されていたと記憶している。

04年でさえそんな状況だった。それが今や動画広告当たり前である。

電通が発表した「2018年日本広告費」ではネット広告費は1兆7589億円。一方の地上波テレビ広告費は1兆7848億円。マス4媒体（新聞、雑誌、ラジオ、テレビ）が減少を続けている中、ネット広告費は前年比116・5％の伸び率で、19年にはテレビを抜くのは間違いないだろう。もっとも、許認可事業であり数が限られている放送局がプレイヤーであるテレビメディアに対して、参入障壁が極めて低く、中小を含めると数えきれないほどのメディアが存在するネットメディアは、総広告費で単純に比較できるものでないが、インターネットの勢いの凄まじさは実感できるだろう。

インターネットは下部構造である

ドイツの哲学者、カール・マルクス（1818～83年）は〈下部構造が上部構造を規定する〉と言った。上部構造とは道徳や宗教、芸術のような政治的もしくは社会的な諸関係や社会意識の総体のこと。その上部構造を規定し、決定するのは社会の基盤となる経済的構造を指す下部構造であるという指摘だ。道徳や文化、芸術はそれぞれが独立してあるのではなく、経済的な状況によって決定する。まさに広告にとってインターネットは下部構造である。バブル崩壊も広告に大きな影響は与えているが、インターネットはその比ではない。

そこで、インターネットの登場によって新たに生まれた問題について見てみよう。

小林製薬の〝許されざる〟脱法ウェブ広告

ウェブを閲覧していると同じ広告ばかり表示されることはないだろうか。

パソコンやスマホでウェブを閲覧すると閲覧履歴が送られ、メディア企業はそのデータを解析しユーザーの興味に最適化された広告を配信。そのために同じ広告ばかりが掲載されるという現象が起こる。

逆に言えば多くの人たちには知られることなく、特定の人たちだけに嘘や誇張を含む広告を配信することが可能だ。ウェブ広告は悪事や不正がばれにくい。

　ニット帽をかぶった女性に〈あきらめずに立ち向かう方へ〉という言葉が添えられた小さなウェブ広告をご存知だろうか。発信元は消臭元や入れ歯洗浄剤・タフデント等で有名な小林製薬。一部上場企業だ。これも「がん」や「免疫療法」といった特定ワードやその領域に関連するサイトを閲覧している人にだけ表示される広告だ。

　クリックすると〝小林製薬のシイタケ菌糸体〟と書かれた通信販売サイトに飛ぶ。販売している商品は1箱9500円の「シイタゲンα」という栄養補助食品だ。

　栄養補助食品は特定疾病に一切言及できないし効果効能も表示できない。そもそも法的には、がんに言及する広告は医薬品でさえ医師向けにしかできない。

　そこで小林製薬が考えたのは、放射線治療や抗がん剤による脱毛で医療用の帽子をかぶっているがん患者を連想させる写真に〝あきらめずに立ち向かう〟という言葉を組み合わせることなのだろう。

　違法ではない。だが、がんという言葉を使わずして、がんを連想させるという行為自体が脱法的で、遵法意識が強く求められる一部上場企業として、その企業倫理はより強く問われるはずだ。

　がん患者とその家族に的を絞ってアプローチし、がんという言葉が使えないからニット帽をかぶった女性と〈あきらめない〉という強い言葉を使って広告し、問題になった際には「どこにも〝がん〟という言葉は使ってませんやん。ランニングしてる人が〝あきらめない〟って言うのは普通のことですやん」という逃げ道までつくる企業をどう信用しろと言うのか。

この「シイタゲンα」の広告には様々な種類がある。医師を連想させる白衣を着た男性が〝Never Give Up〟と赤ペンで描くバージョンや、男性患者に女性が手を差し伸べるように見えるバージョン等、10を超える広告を用意している。売り上げを見ながら出稿をコントロールしているのだろう。苦情があったのか現在は出稿していないようだが、テキスト広告では〈がんばる人に届けたい〉という言葉の〈がん〉を太字にしているバージョンもあった。

検索サイトで〝シイタゲンα〟と入力すれば数多くの医療系サイトの記事が見つかる。その多くは、高額の未承認がん免疫療法にからめてがんに言及し、「シイタゲンα」の〈優れた効能〉を堂々と謳っている。

藁をも掴みたいと思う人を脱法的な情報で囲い込む広告手法を、社会は絶対に許容すべきではない。


「池本孝慈の新広告批評 これ、あかんヤツやろ。」(ZAITEN17年9月号)

インターネットがなければこんなことは起こらないし、やれる術もない。それに、小林製薬という一部上場企業がやろうとは思わなかっただろう。

そこでインターネットがなかった頃ならどうなったのかをシミュレーションしてみたい。舞台はとある製薬会社宣伝部である。莫大な研究費を投じた健康食品の宣伝会議。広告案が出来上がった。ビジュアルはニット帽をかぶった女性。コピーは「がんばる人に届けたい」に決定した。がんという文字は赤文字で強調している。広告部長は満足そうに言う。

「がんに効くと言えない健康食品で、そこをうまく逃げながらがんを連想させるいい広告案じゃないか。これでいこう。では、広告の掲載プランを至急作成してくれ。新聞、雑誌を中心に短期集中でいこう。いいな」

広告部員は掲載メディアを探す。全国紙と週刊誌を中心に組み合わせ部長からも了承をもらう。部員は入稿する広告を各メディアに送る。すると、次々に電話が。

「いつもお世話になっております。大変申し訳ないのですが、今回の広告はうちでは掲載できないことになっちゃったんですよ。ええ、僕も考査に食い下がってみたんですが、どうしてもダメで。すみません。これに懲りずにまたよろしくお願いします」

掲載予定だったメディアはすべて掲載不可に。その報告を部長にすると、こっぴどく怒られた後「なんでもいいから、とにかく掲載できるメディアを探せ」と。部員は必死で探す。ようやく見つかったのはマイナーな健康雑誌数誌。内容は怪しげな民間療法や、高額の自由診療ばかり。広告も精力絶倫やがんが消えたという文字が踊るものばかり。部員は「見つかりました」と部長に報告。部長は見本誌のページを繰り一見した後、その雑誌を部員に投げつける。

「お前は馬鹿か。オレたちは一部上場企業なんだぞ。こんな雑誌に広告を載せられるか」

かくして広告案はやり直しに。インターネットは、かつてはあった節度や自制のリミッターを外してしまった。

東京都「結婚しようCM」は税金の無駄

こんな幼稚な物語を観て結婚する気になる若者がどこにいるのだろうか。お金の無駄遣いもいい加減にしてほしいと思う。

東京都が制作、「結婚に向けた機運醸成のための動画」と名付けられた1分間のウェブムービーがある。

〈結婚を希望する方が、東京でオリンピック・パラリンピック競技大会が開催される2020年を具体的な目標に、一歩踏み出せるように後押しをするための動画を、都で初めて作成しました〉と記されている。

東京のとある公園にある不思議なゲートを若い男女がくぐる。そこには若き日の祖父母がいた。結婚指輪を交わしている。1964年の東京オリンピック・パラリンピックが結婚のきっかけだったと語られる。

様々な回想シーンが流れ、若い2人は再び18年の東京へ。〈僕たちも〉〈私たちも〉と手を取り合う。

そこに〈東京2020オリンピック・パラリンピック、あなたは誰と観ますか？〉というナレーションが入る。勘のいい人はもうお気づきかもしれないが、ナレーションは小池百合子東京都知事本人だ。

大方の反応は〝うるせーよ。黙れババア〟だろう。それが現代の健全な若者というものだと思う。専門的に言えば今の若者のインサイト（心理的な洞察）がまるでなっていない。

この動画に描かれている若者たちは、東京都、あるいは小池知事の心の中で勝手に想像した、自分に都合のいい若者でしかない。

つまり、広告としては駄目だ。何の広告的な効果も望めないだろう。

本来であれば一定のレベルに達していない広告を批評の俎上に載せることはしたくないのだが、今回はあえて論じたのはもうひとつの理由がある。

そして、その理由こそが、この動画の本質的な問題点である。

それは、この動画が何の具体的なインセンティブもなく人の心を変えようとしているという点であり、その動機を他ならぬ地方公共団体が持っているということである。

結婚促進という行政的な施策は様々な都道府県が実施している。例えば広島県の「みんなでおせっかい『こいのわ』ＰＲＯＪＥＣＴ」は民間施設と組んでデートやプロポーズに適した場所や催事を提供している。

この県が提供する施策に乗るか乗らないかは自由だが、少しでも結婚を考える若者たちにとって、乗るべきメリットが提供されている。ここでは県と県民が対等関係にある。

東京都はそうではない。

東京都にとっては、2年後の東京オリンピック・パラリンピックを目標に結婚を考える純朴な若者こそが望ましい若者であり、その関係には上下がある。

それがこの動画に隠されたグロテスクな構造だ。

この動画のクリエイティブが優れていて、人々を扇動した場合のことを考えてみればいい。それは、ファシズムではないか。

下手くそな動画である。観た人が〝なんじゃそりゃ〟と一笑に付すようなものだと思う。しかし、笑った後、しばらくしてふと感じる薄気味悪さの中に、この動画の潜在的な危険が見える。

今回は失敗だと思う。けれども〝下手な鉄砲も数撃ちゃ当たる〟とも言う。少なくとも僕らは小池フィーバーを経験している。

税金の無駄使いと笑ってばかりはいられない。


「池本孝慈の超広告批評」（ZAITEN18年6月号）

　これも動画広告を出稿するのがテレビだけだった時代には起こり得なかった。いや、従来のネットメディアの広告枠でも有り得ないことだったと思う。こんな生煮えの広告を出すには費用対効果が悪すぎるからだ。どこかでストップがかかる。それが組織というものだと思う。しかし、YouTubeをはじめとする動画投稿サイトの存在が、そのリミッターを外した。同時に、インターネットを実現したテクノロジーの向上は、動画制作そのもののハードルを下げてしまった。

　昔は、CMはフィルムで撮影していた。フィルムそのものも高額ではあるが、フィルムは撮影したら終わり。一度きり。ハードディスクのように何度も使えなかった。編集もMA（Multi Audio＝映像編集後の音入れ作業を意味する和製英語）も、すべてが安くなった。動画作成の価格が下がるということは、すなわち動画の価値が下がることを意味する。そして、安易な企画が次々と動画にされていく。

ウェブ動画広告が炎上する理由

　簡単に言えば、貧すれば鈍するということだ。ネットの掲示板に「チラ裏」という言葉がある。「そんなつまらないことはチラシの裏にでも書いておけ」という意味だ。真偽が不確かな情報も飛び交うネットの掲示板でこうした揶揄が出てくることは皮肉と言う他ないが、この言葉を借りれば、インターネットの登場によって広告が「チラ裏」化したと言うこともできるのではないだろ

ないだろう。

しかし、これはメディアの構造による必然である。下部構造が変わらない限り、なかなかこの「チラ裏」化の傾向を食い止めることはできない。社会がそのことを組み込み、制御していくしかないだろう。

あまりにも話題になりすぎて、すでに多くの人が論じてしまっていたので連載では取り上げなかったが、鹿児島県志布志市が郷土の名産品である鰻をPRするために制作したウェブ広告動画「少女U」が炎上したことを覚えているだろうか。内容はこうだ。

とある学校のプール。黒いスクール水着を着た美少女が浮かんでいる。そこに若い男性のナレーション。〈彼女と出会ったのは、1年前の夏だった。〉少女は言う。〈養って……〉そうして男性と少女の不思議な暮らしが始まる。カメラは少女の若々しく美しい肢体を捉え続ける。やがて別れの時がやってくる。彼女は旅立つ。そこに水の中で悠々と泳ぐ鰻の映像がインサートされ、〈たいせつに、養っています。〉というテロップが。

つまり、少女を鰻に見立てたファンタジーを映像化したということ。映像は叙情的で美しく、まるでかつてのATG（日本アートシアターギルド）の芸術映画を観ているようだ。

これが大炎上した。なぜだか分かるだろう。「少女を飼う」というモチーフに反社会性があったからだ。少女を飼うというモチーフは美少女を描いた漫画やアニメではありふれたものだが、より公共性が問われる広告では許容しにくいものであるのは疑いの余地がない。なぜ、これを止められなかったのだろうか。制作陣もそのモチーフが持つリスクについて論議はしなかったのだろうか。

それは、媒体費がかからないウェブ動画だからである。背負うリスクが少なければ、判断も甘くなるのが摂理。広告制作者の責任や倫理を問うても無駄だろう。どうしようもなく人間とはそういうものだ、と言うしかない。

この動画を作った広告代理店は、地元の広告会社ではなく博報堂だった。しかも、九州支社でさえなく東京の本社スタッフで制作プロダクションも在京の大手だ。

映像やストーリーのクオリティーから見ると、手弁当的な工夫のあとが随所に見られるものの、動画自体にはかなりのお金がかかっているように見える。発注者が鹿児島県志布志市ということを考えると、予算はそれほど多くはないだろう。これは想像に過ぎないが、かなりの部分、博報堂が利益度外視で持ち出しているのではないだろうか。いい映像作品をつくれば賞が取れるかもしれないし、何よりもこの新しいウェブムービー市場を盛り上げることが重要だから、自身のショーケースとして制作したのかもしれない。また、これは自分が広告代理店で働いた感覚からよく分かるが、とにかくいいものをつくりたいと思う若手クリエイターにとって、地方自治体の案件ほど自由にできる舞台はない。やりたい放題にやらせてもらえる。志布志市という地方都市の

PR動画は、そんな仕事だったのだろう。

要するに、昨今のウェブ動画の炎上は構造的なものだ。インターネットの登場で起きた時代の変化の悪い部分が出たということ。もちろん、これは過渡期の出来事であるという部分もあるが、それでもあと数年は同じような現象が起き続けるのではないかと僕は予想している。

ZOZO前澤友作社長「多弁マーケ」の副作用

2018年10月1日、日経新聞に〝妙〟な広告が掲載された。文化祭のような軽いノリのスナップ写真に映る若い社員たち。そのいくつかに笑顔で映る男性こそ、ZOZOの前澤友作社長である。広告のコピーは〈拝啓、前澤社長。〉ファッション系ECサイト「ZOZOTOWN」を運営するスタートトゥデイが現社名に変更する際に出稿したものだ。

広告の長い文章を要約すると、〈社長が次々と巻き起こす話題や騒動〉に呆れ果てていたが、〈宇宙へ羽ばたこうと〉〈興奮しながら夢を語る〉前澤社長を見て、自分たち社員も頑張ろうと思った、という内容だ。前澤社長への崇拝が恥ずかしげもなく描かれた、徹底的なまでの内向き思考。当時は単に幼稚で気持ち悪い広告だという印象だったが、今となっては現在のZOZOが置かれた状況を予言しているように思える——。

1月末、ZOZOは3月期経常利益を19%減益に下方修正することを発表した。しかしそれよりも耳目をひいたのは、前澤社長が〈本業〉への集中を理由に、しばらくツイッター投稿の休止を宣言したことかも知れない。

前澤社長と言えば、女優・剛力彩芽との交際を公言したり、ツイッターでプロ野球球団を経営したいと唐突に呟いたり、月旅行計画をぶち上げるなど〝やりたい放題〟の人物として、メディアで取り上げられるのが常だった。

しかし広告視点で見れば、その奔放さは経営目的を達成するために綿密に設計された広告戦略、広く言えば、前澤社長によるコミュニケーション戦略に従って忠実に振る舞われてきたように見える。なぜか。ここ数年、ZOZOはファッション分野において一気に覇権を握る、その一点にあらゆる経営資源を注ぎ込み、拡大路線をひた走ってきた。その目的を達成するために設計された広告戦略、コミュニケーション戦略こそ、前澤自身の「メディア化」だった。

当然ながら急速な拡大路線の前では、企業に求められる倫理や十全な準備は足枷となる。しかし、時代の挑戦者たる前澤社長ならば、多少の倫理的逸脱や不備があっても許され、応援されることになる。結果、企業が考慮すべき倫理や責任が特別に免罪されるという現象が起きる。それが、「前澤メディア化戦略」の果実である。

象徴的なのが、17年にテレビCM等で主に若者向けに大々的に広告を打った「ツケ払い」だ。商品購入の2カ月後に代金を支払えばいいというもので、つまりはローンサービスだが、当然、安易な利用が社会問題を引き起こし兼ねない性質のものだ。実際、多くのＥＣサイトも同様のローンを採用、提供しているが、そんな懸念からか大々的な広告は行っていない。

　しかしＺＯＺＯは「ツケ払い」という品のない言葉で煽り、積極的な広告戦略に舵を切った。悪影響があろうが自分たちの知ったことではないということだろう。

　今年の正月、前澤社長は自身のツイッターで〈総額1億円のお年玉〉と題し、１００名に１００万円を現金でプレゼントするキャンペーンを行った。〈(ＺＯＺＯの)新春セールが史上最速で取引高１００億円を先ほど突破〉したことの〈感謝を込めて〉としたが、あくまで前澤社長の個人資格という名目だった。

　しかし、これも「ツケ払い」を行った心理と構造は同じである。

　本来なら、企業がこうしたキャンペーンを行う場合、様々な広告規制を受けることになる。公正取引委員会の制約や株主や消費者の目もある。だから「個人で」なのだろうが、ツイッターで同様の例がないから止められる理由がなかっただけで、その行為は極めて〝グレー〟である。

　つまり〝脱法的〟なのだが、メディアでは称賛の声が目立った。つまり、脱法性への疑念を英断という評価に変えたのが、この場合のメディア化戦略だったのである。同キャンペーンはテレビで盛んに報道され、前澤社長はリツイート世界記録を樹立するに至った。

　これを企業のキャンペーン＝広告と見た場合、その費用対効果は絶大である。現状、これほどコスパが高い広告は真っ当な手法では不可能だろう。こうしたコミュニケーション戦略は、急成長中のZOZOの最大の武器であった。社会的責任のために考慮すべき、あらゆることを免罪する禁断の〝打ち出の小槌〟だったと言える。

しかし、そこには副作用がある。前澤社長が一度呟けば、社会に影響を与えられるが、当然、その即効性はマイナスの部分をも露呈させる。そして、その副作用の影響は社内においても現れる。社長と、それを崇拝する社員をベースとした甘い関係は熟慮の育成を阻み、前澤社長以外の外部社会への配慮を消し去ってしまうことだ。

典型例が「ZOZOスーツ」の失敗と3月期経常利益の下方修正の主たる要因となった「ZOZO ARIGATO」と名付けられた有料会員制度だろう。

ZOZOスーツは、無料配布された白い水玉模様のついた全身タイツを着用し、スマホで撮影することで身体のサイズが読み取れ、各人にぴったり合う「オリジナルアイテム」が手に入るという触れ込みだったが、ビジネススーツの不具合とその修正に伴う出荷遅れが問題となり、前澤社長自身「将来的に廃止予定」とツイートするなど、散々な代物であった。失敗の理由は単純明快で、テクノロジーが未熟なため、まだ世に出せる代物ではなかったからだ。

また、ZOZO ARIGATOは全ブランドが割引になる会員セールがブランド価値の低下につながると、オンワードをはじめとする大手ブランドの離反を引き起こした。

前澤社長がツイッター休止宣言をした直後、下がり続けていた株価は急騰したが、そこで示されたメッセージは〈チャレンジは続きます。必ず結果を出します〉という、相も変わらず何の具体性もない掛け声だった。これが何らかのアクションを期待していた株主の失望を呼び、再び株価は下げに転じた。当然だろう。反省と対策がそこには微塵もなかったからだ。

前澤社長には企業が持つべき倫理観と、広告戦略の再考が求められていることは間違いない。

（ZAITEN REPORT 19年4月号）

SNSの功罪とセルフブランディング

生活者にとってインターネットの登場で最も大きな変化をもたらしたものはSNSの普及ではないだろうか。今や、スマートフォンを所持している人ではSNSを利用していない人はほとんどいないはずだ。それほどパソコンやウェブに詳しくない人でも、Twitter、Facebook、LINEのいずれかは日常的に使っているだろう。

SNSは、ソーシャル・ネットワーキング・サービスの略で、広義には社会的ネットワーク構築が可能なウェブサービスのことだが、個々のユーザーの発信する情報がそれぞれ単独でユーザーページとして存在しつつ、ユーザー同士をつなぐ様々な機能により大小様々なコミュニティーを生み出し、全体として見るとそのコミュニティーの上位のコミュニティーとしても成り立っているウェブサービスのことである。説明すると難しいが、利用者には体感的に理解できるだろう。

SNSを利用するにはそのサービスの会員になる必要がある。ブログのコメント欄や掲示板とはそこが決定的に違う。入会は原則的に無料。

　では、そういうSNSサービスを提供している会社はインターネットを便利にしたいから持ち出しで運営しているのか。そんなわけがない。Twitterを例にとれば、収益はタイムラインと呼ばれる、いろいろなユーザーが投稿するツイートが並ぶタイムラインの合間に挟まれる広告の収益により支えられている。見た目は他のユーザーと同じだが、広告の場合は左下に小さく〈プロモーション〉または〈PR〉という表記がされている。「こんな小さな広告、大した稼ぎにならないんじゃないの？」と思うかもしれないが、塵も積もればなんとやらで、「Twitter」「Facebook」も名実ともにアメリカを代表する大企業だ。ちなみにGoogleもGoogle＋というSNSサービスで11年に参入したが、19年に撤退した。Googleはこの手のユーザーでワイワイやる感じのサービスは不得意なようだ。

　人が集まるところに広告あり。

　それはテレビであろうが、ラジオであろうが、新聞であろうが、雑誌であろうが、はたまた繁華街にあるビルボードであろうが、そして、ウェブサービスであろうが同じだ。今、テレビが無料で観られるのも、新聞離れが叫ばれる今なお月々4千円程度で家まで毎朝届けてくれるのも広告モデルがあってこそのことだ。海外に特派員を送り、国会や警察に張り付き、全国各地に支局を持つような組織がつくる記事が本来こんなに安価に手に入れられるわけはない。20世紀の大量消費社会を牽引したのは間違いなく広告であり、毎日、無料もしくは安価な情報を消費できる今日の情報社会をつくったのも間違いなく広告というシステムである。広告システムは20世紀最大の発明であると言っても過言ではない。

かくしてアメリカの経済をも支える規模に成長したSNSという広告媒体だが、ここでひとつの悪知恵が働かないだろうか。

「もしかして、わざわざTwitterにお金出して広告を出稿しなくても、無料でできる自分のアカウントで広告すればタダでいけるんじゃね？　芸能人がステマやなんだで干されたり、いろいろウェブ広告もうまい手を使いにくくなってるけど、自分のアカウントで自分のことをつぶやいてるわけだし、誰からもお金をもらってないわけだし文句ないでしょ」

答えから先に言うと、これはやろうと思えばできる。ただ普通の人がやったところで「こいつ、自分の広告になることばっかりつぶやいているなあ。嫌なヤツ」と思われるのがオチではあるが。だが、もともと人気者であったり、面白いツイートをつぶやき続けて人気者になれば、つまりSNSで通用する程度の〝カリスマ性〟を身につけさえすれば、簡単に自分のアカウントを広告媒体に変えることができてしまう。しかし、このような普段の会話や映画やTV番組のようなコンテンツの中に広告を溶かしてしまう行為は、人々に様々な恩恵をもたらしてきた広告というシステムを最終的には破壊してしまう行為だと僕は考えている。しかし、広告というものと社会との関係を考慮し、広告というシステムを健全に持続させていくために抑制的に行動するといった個々人の倫理観に頼る以外ないのが現状だ。

この方法が簡単に使えるようになってできた言葉が「セルフブランディング」である。自分のブランド価値を高めて、自分自身を自分のための広告媒体にするということだ。これは自分の言動がSNSによって世界とつながるようになって初めて成立する考え方だ。人とのつながりをマネタイズする、このセルフブランディングの企業経営者における大家がZOZOの前澤友作社長だった。SNSの使い方が〝上手〟であると言われた彼だが、結果はご覧のとおりだ。

味の素　視聴者のクレームで修正された「いただきます省略」CM

味の素「クックドゥ」と言えば、芸人の山口智充と若手女優の杉咲花が演じる家族が中華料理を食べまくるテレビCMが印象的だった。

キャッチコピーは〈食欲全開〉。いくつものバージョンが放送された。名実ともに国民的な大人気キャンペーンだったといえる。

今年2月、出演者を人気俳優の竹内涼真、若手女優の浜辺美波に一新し、新キャンペーンが始動。〈家族が、中華を熱くする。〉と題したテレビCMが放送されている。

このCM、よく観ると少し不自然な部分がある。

長男役の竹内が回鍋肉を作り大皿に盛る。弟役の子どもたちが食べようとする。竹内が〈待て待て、いただきましてからっ！〉と嗜める。子どもたちが〈いただきま〜す！〉と言う。

このあいだの映像が微妙に会話の流れに合っていないのだ。それもそのはずで、じつはこのCMは放送直後に視聴者から物言いがついて修正したものだからだ。

当初のストーリーは、竹内が〈いただきますは？〉と嗜めるも、子供たちが〈省略〜！〉と言って回鍋肉を食べ始めるというものだった。ため息をつき呆れ顔をする竹内が映るワンシーンはその時の名残だ。

ツイッターには〈このCMが企画されて世に出るまでどこかでストップはかからなかったのだろうか？「いただきます」を「省略〜」ってさすがに食品会社として有り得ない〉との声が寄せられている。

今回は味の素側の対応が素早く、大きな炎上にはならなかった。しかし、この件は味の素に大きな課題を残したと思う。

なぜ、「いただきますを省略するのはいかがなものか」という声が上がったのか。食品会社だからか。

僕は違うと考える。

それは、味の素だからだ。味の素は、日本の食文化やいのちをいただくことの意味を大切にする会社だとみんなが思っているからこそ、違和感を抱いたのだ。

それがブランドと言われるもので、そのことを味の素自身も企業スローガンという形で世の中に示してきたはずではないか。

味の素は、〈おいしさ、そして、いのちへ。Eat Well, Live Well.〉とコーポレートスローガンに謳う企業なのだ。

そういう企業が今すぐにでも食べたいという心情を表現するときに、わざわざ〝いただきます〟を省略するというアイデアを選ぶ必要があるのだろうか。

他にもアイデアはいくらでもあるということを、他ならぬ味の素自身がその長く続いた人気キャンペーンで示してきたはずだ。「テレビドラマや映画なら許されるのに」と非寛容な社会を嘆く前に、宣伝部と広告会社には考えるべきことがある。

広告はテレビドラマでもなく映画でもなく、どこまでいっても広告でしかない。それは、何ら広告を卑下するものでもない。

80年代のCM黄金期、数多くの名作を世に送り出してきた元電通関西のクリエイティブ・ディレクター堀井博次は〈広告で芸術をやるんやない。芸術を広告に利用するんや〉と言った。

時代が変わっても、本質は変わらない。むしろ、広告を安易にコンテンツと呼ぶような時代だからこそ、広告人は、自分が作っているものが何かを一度問い直したほうがいい。

「池本孝慈の超広告批評」（ZAITEN18年5月号）

この味の素の騒動はＳＮＳ以降の世界を象徴する出来事と言えるだろう。もちろんＳＮＳ以前でも同じようなことが起きたとは思う。連載で指摘したように、今回の話は味の素というブランドイメージという個別性の範囲内で起こったことだから、この表現に違和感を持つ人はいつでも一定数はいる。ただ、その違和感の表明は、たとえばお客様相談室へ直接苦情を述べるという形でしか行われなかった。今は違う。消費者がメディアを持ってしまった現在では、その違和感は一人の消費者とお客様相談室という閉じた関係の中で表出されるのではなく、いきなり開放系の世界へ放り出される。その違和感は、共感とともに拡散されていき、あっという間に多くの人が知るところになる。

インターネットは広告にとって下部構造である。

この下部構造の決定的な変化をどう考えていけばいいだろうか。僕の世代は、このインターネットの登場を働き盛りの30代前半にリアルタイムで経験している。実感で言えば、僕らの世代ではインターネットに対する感情は肯定半分、否定半分といったところだろうか。その上の世代は否定が多いだろう。その下の世代は、特にデジタル・ネイティブと呼ばれる世代は下部構造として自然と受け入れている感じではないだろうか。

経済的な行為の中で、広告はこの下部構造の変化に最も影響を受けた分野ではないかと思う。普通の人がメディアを持たない「もの言わぬ民」であり、情報発信が一部の人々が独占する特権であった時代、広告は情報発信の特権という翼を伸ばして時代を謳歌してきた。

年上の広告人と話すと感じることがある。彼らが決して口にはしないその暗い感情を表現すると、こんな感じだろうか。

「素人風情ががたがた細かいことを言うんじゃねえよ」

気持ちは分からなくはないが、言っても仕方がないことだと思う。もはや、インターネットは下部構造である。これは、これからも変わることは絶対にない。素人風情ががたがた言わない、かつての時代を取り戻すには、マルクスが言うように「万国の広告人よ、団結せよ」と世界同時革命を起こしてインターネットをぶっ壊すしかない。そんなこと、できるだろうか。そう考える彼らにしても、今の時代、その反インターネット革命運動を広めるためにＳＮＳを使ったりするだろうし、その暗い感情は単なる愚痴であると考え、放っておく他ない。

考えようによってはいいこともあると思う。この味の素の件で言えば、もしＳＮＳ以前に起っていて、お客様相談室に来た苦情を軽く見てスルーしたとすれば、じわりじわりとこれまで培ってきたブランドを毀損していくのではないだろうか。これは大げさではなく、あの「いただきます」を省略するアイデアを何の問題もなく通してしまっていたら、広告制作チームは「これはアリなんだ」となって、広告表現が次第に荒れていくようになる。気づけば、味の素ブランドへの信頼はどこへやら。そんな状況が生まれてしまっていたのかもしれない。

何とも後味の悪い結果になってしまった。

動画投稿サイト「ニコニコ動画」を運営するドワンゴのスマホゲーム「テクテクテクテク」のことだ。キャッチコピーは〈一生歩けるＲＰＧ〉だった。

２月13日、持株会社のカドカワは、ドワンゴ創業者、川上量生氏の代表取締役社長解任を発表した。川上氏は代表権のない取締役に降格。ドワンゴも子会社から孫会社に格下げされた。

以前からニコニコ動画は会員数減少が続いているが、それにもまして不振だったのが、このテクテクテクテクだった。売上高50億円を目指すとして昨年11月29日、鳴り物入りでスタートしたが、蓋を開ければ売上高９００万円、赤字8億円超の大惨敗である。

そして３月13日。

テクテクテクテクを６月17日に停止するとドワンゴが発表。〈一生歩ける〉という約束は守られることはなかった。直前まで地上波でテレビＣＭが大量に流れていたこともあり、ネットでは大騒動になった。

ドワンゴ「幼稚なゲーム業界」の象徴　高須院長〝お蔵入り〟ＣＭ

ＣＭは、おなじみ高須クリニックＣＭのパロディで始まる。ヘリコプターに乗る高須克弥院長。隣には事実婚の関係である西原理恵子氏もいる。突如、高須院長はヘリから飛び降り、街に降り立つ。車や人が吹き飛ばされ、ビルが立ち並ぶ都会の街にゴジラのように巨大化した高須院長が。そこに

〈巨大高須院長、襲来！〉というテロップが入る。

テクテクテクテクは、ウェブ上の地図データを利用した位置情報RPGゲームで、プレイヤーは仮想現実を歩きながら地図の区画を塗りつぶし領土を広げていく。時折、敵であるモンスターが現れるのだが、中でも最強なのがデカボスである。このデカボスが高須院長というわけだ。

ゲームは無料でも進められるが、立ちはだかるデカボスを倒すためには課金してレベルを上げる必要に迫られる。つまり、ドワンゴにとって、このデカボスが収益の源泉となる。

ドワンゴは、なぜこんなキャンペーンで挽回できると思ったのだろうか。コラボレーションを快諾した高須院長に責任はないが、８億もの赤字を取り返すには役不足であることは誰の目から見ても明らかだろう。

多くの人はキャスティングの意外さを面白いと思う前に、「なぜ高須院長なのだろう」という疑問が頭をよぎる。その時点で、より多くの人が視聴する地上波テレビCMとしては失敗である。

難しい判断ではないと思う。広告の心得がある者ならこんな企画にGOは出せない。しかし、ドワンゴはGOを出した。

それは、彼らが属するニコニコ動画コミュニティーでは面白いこととされているからだ。巨大高須院長が札束を投げつける技がある。これはニコニコ動画やツイッター界隈では共感されるネタではある。しかし、所詮は小さなコミュニティーでのお約束。地上波テレビ視聴者はおろか、スマホゲームユーザーでさえ分からない内輪の話だ。

発想が子どもなのだ。

このCMは、担任の先生のモノマネや教室で流行っているギャグを一生懸命テレビカメラに向かって演じ続ける小学生と同じことをしている。微笑ましくはあるが面白くはない。

覆水盆に返らずとはこのことだろう。何億円もの経営資源が苦笑しか生まないCMとともに泡と消えた。無邪気さと幼さの代償はあまりにも高い。

「池本孝慈の超広告批評」（ZAITEN19年5月号）

この連載回については、何も加えることはない。書いた通りだ。

この章の最後に加えるとすれば、インターネットは下部構造であると言っても、それは社会にインターネットが登場し、これまでのメディア環境に加わったというだけで、すべてがインターネットに置き換わったわけではないということ。当たり前ではあるが。

インターネットに携わる人はインターネットの可能性と未来をとかく喧伝しがちである。広告まわりでも、やれ「マス広告終焉」やら「新しいルール」やら「革命が起きた」やら、まるでマスメディアが崩壊してインターネットに完全に置き換わるような、そんな新しい世界を煽る。もう、そんな極端な言説が表れては消えるようになって10年くらい経つ。でも、そんなことはまったく起きていない。この事実をどう言い訳するのだろう。

現に、これからはネットの時代だ、テレビなんかオワコンと豪語するニコニコ動画が、いざ自分がつくったスマホゲームを広めたいと思ったら、やっぱり地上波テレビでCMを流すのだ。慣れ親しんだニコニコ動画やTwitter、Facebookで広告すればいいじゃないかと言いたくなるが、背に腹はかえられないということだろう。ある規模を超えると、それでは広告にならないことを彼らも知っている。

それはつまらない事実かもしれないが、現実は現実。現実を踏まえずに語る論考は、ただのファンタジーに過ぎない。ま、そのファンタジーに励まされたり勇気をもらったりするのであれば、僕には何も言うことはないが、でも、それは論考ではなく、ただの娯楽である。

第二章

あの頃に戻りたい症候群

何はともあれ、まずはこの連載回をお読みいただきたい。

日清食品「カップヌードルCM」サムい〝あの頃に戻りたい感〟

日清カップヌードルのキャンペーンが復活した。〈いまだ！　バカやろう！〉をテーマにビートたけし学長を中心に小林幸子をはじめ訳あり芸能人が教授として活躍する。2016年の4月、矢口真里、新垣隆らが出演のCMが炎上、日清食品は広告を中止していた。

危機管理の権威として登場した矢口が〈二兎を追う者は一兎をも得ず〉と述べるシーンにクレームが殺到したと言われている。

復活した新しいCMでは、ビートたけしが〈でも、オレたちはバカをやる。それは時代を変えるためではない。時代にテメェを変えられないためだ〉と演説し、その後に〈※この理念は、すべてゴーストライターが書きました。〉という注釈が付いている。

60秒版ではエンドカットでビートたけしが〈守ろう！　交通ルール！〉と言うシーンが加えられている。言いたいことは分かるけど、なんかモヤモヤするCMやなあ、というのが初見の感想だ。で、そのモヤモヤの正体は〝時代と広告のすれ違い〟を象徴しているからだ、とも思った。

まず最後の〈※この理念は、すべてゴーストライターが〜〉という注釈は蛇足だったと思う。ひと昔前なら良いアイロニーとして機能しただろう。でも今、この表現を面白いと思う人がどれだけいるだろうか。

ゴーストライターが書いたと言われても、ああそうですか、CMですものね、という時代。そもそもあのゴーストライター事件もとっくに旬を過ぎている。時代を微妙に読み違えてしまっているように思えてならない。

非寛容な時代に一石を投じるなら、出演させるべきは世間から許され、新たな道を歩み始める新垣ではなく、いまだに許されず、日陰の人生を歩む佐村河内守だったのではないか。それどころか、本人抜きで嘲笑の対象にしている。

例えば、新垣・佐村河内共作の新作をCMに起用するだけでも非寛容な時代に一石を投じることはできたはずだ。以前のカップヌードルのCMなら、それくらいのことは考えたと思う。

良いものも悪いものも、オモロイものもツマラナイものも、知るべきことも知らなくていいことも、みんなテレビが決める。ビートたけしが「赤信号、みんなで渡れば怖くない」と言えば、みんなが笑い、広告で思い通りに時代が動いたあの頃に戻りたい――。

このCMには、数々の名作広告を送り出してきた日清食品のそんな夢想が見え隠れする。日清食品はフジテレビのバラエティー番組『めちゃ×2イケてるッ！』の提供から撤退した。極楽とんぼ山本圭壱の復帰ドキュメンタリーで、ナインティナイン岡村隆史が山本を滅多打ちにするシーンが原因だと言われている。

この対応は賢明だと思うけれど、〈楽しくなければテレビじゃない〉というスローガンのもと、80年代、視聴率でトップを独走していたフジテレビが抱えるジレンマを、日清食品も同様に抱えてしまっているように感じる。でもいくら〈バカやろう！〉と叫んでも時計の針は逆には回らない。

「池本孝慈の新広告批評 これ、あかんヤツやろ。」（ZAITEN16年12月号）

オレに指示をするな

先のカップヌードルの〈いまだ！バカやろう！〉は、そのおバカな雰囲気とは反比例して、実のところは啓蒙的で押し付けがましいのだと思う。僕は前章で「インターネットは広告にとっての下部構造になっている」と指摘したが、日清のカップヌードル広告制作チームはかつての成功体験からか、それとも広告における日本有数の名門ブランドの自負からか、その現実を理解できていないように思える。いや、理解したくないと思っているのかもしれない。

単純な話、自分の小学校時代を思い出しても分かる。〈バカやろう！〉と笑顔で押し付けてくる先生ほど鬱陶しいものはない。ＮＨＫで放送していた『着信御礼！ケータイ大喜利』で登場する元気田イクゾーというキャラクターがあったが、このＣＭはそのはしゃぎぶりとは裏腹に元気田イクゾーにある愛らしさや可愛げさえない。

みんなＣＭごときに指示なんかされたくないのだ。

会社の同僚でも知人でも、ある程度は知っているという人のSNSを覗いたことはあるだろうか。普段は従順で自己主張もあまりなく、周りに合わせて穏やかにやっている人がSNSでは自己主張が激しく、それなりに我を通していることに気づくはずだ。人がメディアを持ち不特定多数にものを言えるようになったということは、良くも悪くもこういうことなのだ。

知を特定の者の独占物から解き放ち、広く一般の人々へと開いたのはヨハネス・グーテンベルクによる活版印刷の発明による情報革命であるが、インターネット・テクノロジーの普及はそれに匹敵する革命だった。知の開放から表現の開放へと至る情報環境の変化は、人々の表現物への対応を変える。人間の本質は変わらないと思うが、その振る舞いは変わる。潜在的に持っていた感情が、今は発露しやすくなっている。人がメディアを手に入れることで起こる時代の変化に気づくべきだろう。

気づいているけれど、その変化に抵抗したいのかもしれない。けれども、それを広告でやるのはどうかとは思う。マーケティング的な帰結として、共感するのは、時代の変化に抵抗したいおっさんだけになってしまう。本当にそれでいいのだろうか。かつて若者に支持されたカップヌードルは若ぶるけれど、時代についていけない大人に支持されるブランドになってしまっているような気がしてならない。

東京都〈& TOKYO〉過剰すぎる東京礼賛感覚が〝時代遅れ〟

ごめん。プレスリリースも読んだけど何言っているのかさっぱり分からん。

東京都の東京ブランド推進プロジェクト〈& TOKYO〉のことだ。公式サイトによると〈&〉は東京がつくりだす「つながり」を意味し、寿司だと〈SUSHI & TOKYO〉となる。……なんやそれ？

目的は東京オリンピックに向けて広く世界に東京の魅力を発信するためのブランド力強化、とのこと。これで本当に世界の人たちが東京に来たくなると思っているのかな。

思っているとしたら、理由はひとつしかない。それは「TOKYO」という記号が日本の一都市以上の意味を持つと作り手が勘違いしているということだ。

確かにそんな時代はあった。沢田研二が〈TOKIO〉を歌い、YMOが〈テクノポリス〉を演奏していた頃だ。いや、その頃もラジオでは毒蝮三太夫が町のおばちゃんに「うるせえババア」と叫んでいたけれど、エンタテインメントの中では東京は魅惑的な記号だった。思想家のロラン・バルトは「表徴の帝国」と呼び、ポストモダン論壇では何度も空虚な記号としての「東京」が礼賛された。いつまでやってるつもりなんだろう。そんなことを考えているのは今や世界では誰もいない。バブルの頃から東京で広告に携わるごく一部の人だけだ。

僕はそれを「東京の自意識」と呼んでいる。この東京ブランド推進プロジェクトと同じように、東京関連で同じような匂いがする出来事が続いている。〈TOKYO GOOD MUSEUM〉という民間主導の活動がある。〈Good Manners & TOKYO〉として東京ブランド推進プロジェクトとも連携している。

東京を美術館に見立て東京のグッドマナー（マナーの良さ）を作品として定義・収集・展示するというのがコンセプトだ。ムービーでは東京と他県の境に白い壁がそそり立ち、その中で東京人のマナーが日本の範を示すかのごとく美術作品のように展示される。

もうね、ここまでいくとひとつの病理。ため息しか出ない。東京は確かに首都ではあるが、同時に一地方自治体に過ぎない。

東京をあたかも日本全体のことのように語り、逆に寿司のような世界に誇れる日本文化に〈&TOKYO〉とつなげて東京を特別なものとして語る。普遍であり特別という「東京の自意識」はもう時代遅れだ。世界は東京を普遍だとも特別だとも思っていない。そんな自意識から無縁の地方都市では香川の〈うどん県〉、広島の〈おしい！広島県〉などの成功事例が数多く生まれ、SNSでは今日も大阪の〈Osaka Bob〉がその魅力を世界に発信し続けている。

ちなみに、東京には観光サイト〈GO TOKYO〉もある。ブラウザのアイコンは〈GO〉だ。英語版のトップページを開くと、タブに〈GO HOME〉と表示される。招く側が「帰れ！」はあかんやろ。ブランド云々言う前に、こういうことから見直したほうがええと思うよ。

「池本孝慈の新広告批評 これ、あかんヤツやろ。」（ZAITEN17年2月号）

東京の自意識

これもどんよりしてしまう。これもバブルの発想ではあるのだろう。俗流のソシュール言語学を援用すると、意味するものであるシニフィアン（この場合は〈&ＴＯＫＹＯ〉となる）が空虚であるほど、意味されるものであるシニフィエが大きくなる、つまり何でも飲み込んでしまえると言いたいのだろうか。それとも、これが流行りのシミュラークル・マーケティングというやつなのか。どちらにしても空虚だ。バブル期のように人々が祝祭的に高揚しているときはそれでも構わないのかもしれないが、今はもうバブルではない。

広告の東京一極集中が進んでいる今、東京の自意識は広告の自意識でもある。このどんよりした気分は、現在の広告にも向けられる気分でもある。時代遅れの自意識は捨てたほうがいい。

日清とソフトバンクの破壊ＣＭが〝イタすぎる〟

２０１７年２月、日清食品東京本社が爆破された。都内大学で行われた卒業式で同大学教授が開発中だったロボットビームの発射ボタンを学長が押してしまったことが原因だった——。

東京では同様の破壊事件が起きたばかり。

国会議員がスカパー！の広報目的で呼び寄せた巨大怪獣が、ソフトバンクのビルボードをなぎ倒し、SNSを中心に大きな話題になっていた——。

……というのはもちろんフィクション。前者は以前も取り上げたビートたけし出演の日清カップヌードルCM、後者は堺雅人出演で東宝シン・ゴジラとコラボしたソフトバンクCMで描かれたストーリーだ。

本当に破壊するならともかく、映像がこれほどインフレ化した現在、CMで自社の社屋や看板を破壊したって誰も驚かない。「どうせCGだろ」で終わりだ。

両社とも日本を代表する名門広告主で、制作者は日本クリエイティブ界のトップランナーたち。なぜ優秀な彼らが揃いも揃って、決して安くはないCG制作費を使ってまで、短絡的な演出に傾いてしまうのか。

日清CMではビートたけしに〈食べ物のCMは高感度の高いタレントがうまそうに食べりゃいいんだ〉と言わせている。その台詞にインサートされるのは、赤いワンピースを着たアイドルの橋本環奈がカップヌードルを食べて〈おいしい〉と微笑む映像だ。

ソフトバンクCMでのゴジラの破壊シーンでは、次々と炎上するSNSのタイムラインが映し出され、社員男性が〈バズってる〉と言い、白い犬が〈大丈夫か、この会社〉とつぶやく。

でも、それらは全て〝彼等の願望〟だ。世の中の人たちに、自分たちが制作した広告を観て「こう反応して欲しい」という想いが生み出した幻影に過ぎない。

多分、実際の視聴者が日清食品東京本社の爆破映像を観て思うのは「あのビルにはパワーステーションというライブハウスがあったよな」、「日清的には本社は大阪西中島の方やないんやな」とかだったりする。

広告が弱くなった今でも、美少女が〈おいしい〉と言うくらいでは広告にはならない。世間で実際に〝バズってる〟のはドコモdカードの女性タレントがけん玉を成功させるCMだったりするし、この世知辛い時代に大量のテレビCMを投下できる会社を本気で〈大丈夫か〉と思う人はいない。

10年前なら、この2つの破壊CMは反広告的なポストモダン表現として賞賛されていただろう。自らを虐げてでも広告の新時代を創造しようとする制作者の勇気と英知に、惜しみない拍手が送られたはずだ。

でも時代は変わった——。そして、かつて時代を創った者は、体に深く刻まれた成功の記憶ゆえに時代に取り残される。時代に追いつくには自らの甘い記憶を破壊し、新しく生まれ変わるほかない。それが、あの破壊映像の意味だと僕は考える。

皮肉な話だが、この2つのCMの痛々しさは、他のどの優れた広告よりも見事に時代を象徴している。

「池本孝慈の新広告批評 これ、あかんヤツやろ。」(ZAITEN17年4月号)

破壊衝動を見せられても困る

広告界を代表する二大巨頭から同時に同じような陳腐な表現で、その内に秘めるどす黒い破壊衝動を見せられてもなあ、と当時は思った。プレゼンでは受けたのだろう。「こんな広告、今まで観たことないよね」と広告代理店からプレゼンを受けた日清やソフトバンクの役員、社員たちが満足気に目を合わせる様子が目に浮かぶ。

ビートたけしと言えばフジテレビの広告を思い出す。それまで〈母と子のフジテレビ〉というキャッチフレーズでやってきたフジテレビは１９８１年、突如路線変更する。その時に打ち出されたキャッチフレーズは〈楽しくなければテレビじゃない〉だった。バラエティー番組中心の編成は「軽チャー路線」と呼ばれ、82年には年間視聴率三冠王となりその栄華は90年代前半まで続く。しかし、その「軽チャー路線」はやがて陳腐化し、日本テレビが躍進。２００２年、これまで使ってきた〈楽しくなければテレビじゃない〉を刷新。新キャッチフレーズを〈きっかけはフジテレビ〉に変更した。その際の新聞広告に〈いっそたけしを総理大臣に〉というコピーが登場する。これまで大衆文化のメインストリームを走ってきた彼らが大衆からの支持を失いサブカルチャー化する。これは、自分が望まないサブポジションに追いやられた彼らの日本社会に対する恨み節だろう。ちなみにこのキャンペーンは広告業界では受けが良かった。広告業界もまたフジテレビと同じ心情を共有していたのだろう。

このカップーヌードルのＣＭにも同じ構造が見られる。しかも、高齢になったビートたけしを起用するところに単なる構造の問題以上の根の深さも感じたりもする。どういうことだろうか。もはやエピゴーネン（亜流、模倣者）と言ってもいいのかもしれない。

ユニクロ　若い女性ナレーションの本質は胸糞悪い説教だ

若い女性がテレビで何かを語りかけている。ユニクロの冬物衣料、ウルトラライトダウンのＣＭのメッセージだ。

〈何が正しくて何が正しくないとか、こうあるべきだとかこうあるべきでないとか、見えないルールで誰かが決めた常識に縛られて、自分をつまらなくしていたのは自分自身なのかもしれない〉

スタイリッシュな映像と音楽に静かなナレーション。何かと騒がしいテレビの中でもひときわ目立つＣＭのひとつだ。

10年前であれば肯定的に評価されていたはずだ。消費者も〝カッコいい〟ＣＭとして無条件に支持していただろうし、若い広告クリエイターは「いつかはこんな作品をつくりたい」と願ったのではないだろうか。

しかし、今の若い消費者や広告制作者が同じように思ってくれるかというと、そうはいかないだろうとも思う。時代は変わった。

十年一昔と言うけれど、この10年でいろんなことがあった。単純に人は10歳老けた。昔の若者は今の中年だ。「1億総表現者時代」と謳われた時期を経て、殺人鬼でさえＳＮＳで不特定多数にメッセージを投げかける時代になった。

今、若い人たちは女性の声を借りて発せられたこのメッセージを聞いてどう思うだろうか。ここでちょっとした思考実験をしてみたい。実験は簡単。〝自分〟という言葉を〝おまえ〟に変えて、曖昧な語尾を断定調にするだけだ。

「何が正しくて何が正しくないとか、こうあるべきだとかこうあるべきでないとか、見えないルールで誰かが決めた常識に縛られて、おまえをつまらなくしているのは誰でもない、おまえ自身なんだよ！」少し言い方を変えるだけで、それはそのままサブカルで育った団塊オヤジの胸糞悪い説教になってしまう。

これが、このＣＭに付きまとう漠然とした違和感の正体である。柔らかく内省的なレトリックに隠された本質は説教なのだ。

それは、この女性の内面から出た説教ではない。この女性の属性とその優しい声質を借りた誰かの説教に過ぎない。

ちなみにこの声の主は、若手ジャズ・ボーカリストの市川愛。前作のジーンズＣＭではタレントのローラが出演していたので、今回も同様だと誤解している人も多いのではないかと思う。それは穿った見方をすれば〝意図された〟誤解だ。

このユニクロのCMを制作した人は団塊世代ではないだろう。けれども、ユニクロに代表される〝カッコいい〟広告の中には、バブル期から1990年代に興隆したカルチャーとしての日本の広告を牽引した団塊世代の価値観が色濃く引き継がれているように思う。

そもそもユニクロは、エモーショナルなコピー中心の日本の広告のアンチテーゼとして、欧米的なモノ回帰、機能性訴求回帰の流れの中で登場したはずだ。今回のような例外を除けば、今もほとんどのユニクロの広告はその路線だ。

しかし、時々、昔のノリそのままでこういうことを平然とやってしまう。なぜだろうと思うし、その欲望の根深さに暗澹な気持ちにもなる。

そこにあるのは、広告が輝く時代を懐かしむ気持ちと、そうではない現実への苛立ちだけだ。回顧と怨恨には、時代を切り開く力など望むべくもない。

「池本孝慈の超広告批評」(ZAITEN18年1月号)

ユニクロのクリエイティブ

ここで、ユニクロの広告の歴史について触れておきたい。

ユニクロはもともと山口県を拠点とする安売り大型衣料量販店だった。規模が大きくなるにつれて、ファーストリテイリングの社長である柳井正氏は、さらなる飛躍のために広告に注力する。まずパートナーとして白羽の矢を立てたのは、当時、「大阪おもしろ広告」と言われたキンチョーや関西電気保安協会や、大阪の迷惑駐車啓発キャンペーンなどを制作している電通関西のクリエイティブ・ディレクター／ＣＭプランナーだった石井達矢氏が率いるチームに依頼した。

例えば、カンヌ広告賞も受賞した「大阪の迷惑駐車」はこんな感じだ。大阪の大通りに車を駐車して女性の警官から違反切符を切られている中年男性。〈すんません。かんべんしてくださいな〉〈それだけはできません〉。そんな会話のやり取りの中、女性警官は書類に必要事項を記載していく。すると中年男性は記載されている内容があっているかを確かめるようにその書類を覗き込み、〈ああ、これねえ……〉と言いながら、書類を奪い取り丸めて飲み込んでしまう。そこに〈大阪名物くいだおれ〉というテロップが出る。上方落語家の月亭八方が〈わしゃ情けないわ。大阪の迷惑駐車〉とナレーションする。

庶民の本音をユーモア交えて演出するＣＭが得意だった。柳井氏は、当時はユニクロの売りだった返品自由をアピールするＣＭを依頼する。１９９５年に完成したＣＭはユニクロの店内で大阪弁のおばちゃんが〈ちょっと兄ちゃん、これな、おバンくさいねん。ほんでな、これな、ちょっと換えて〉と言いながら着ている服を脱ぎだすというものだった。おもしろＣＭの名作で人気はあったが、ユニクロのブランド向上、売上増にはつながらず広告としては失敗に終わった。

そこで次に目をつけたのがナイキの広告で有名になった米国のクリエイティブ・エージェンシー、ワイデン&ケネディだった。東京オフィスに在籍し、アジアを統括するクリエイティブ・ディレクターであるジョン・C・ジェイ氏にCM制作を懇願する。商品やサービスのあり方から見直され、98年、フリースの広告がお披露目された。ビジュアルは柔らかく広げられたフリース。コピーは〈ユニクロのフリース 1980円〉だった。様々なカラーラインナップを持つこのフリースは爆発的にヒットした。この広告を起点として、今のユニクロのブランドが形成されていく。

その後、ワイデン&ケネディはナイキとの競合問題でユニクロの担当を外れる。しかし、当時の制作スタッフであったフリーランスを中心とするクリエイターたちがチームをつくり広告を担当することになる。現在はワイデン&ケネディを退社したジョン・C・ジェイ氏がファーストリテイリングに入社し、同社のクリエイティブを統括している。

このCMにジョン・C・ジェイ氏がどれくらい関わっているのか僕は知らない。ユニクロは時々、連載で取り上げたような妙なことをやらかす印象がある。なぜだろうか。

日産 虚しく響く「NISSAN PRIDE」CM

1991年、日本経済新聞の見開き30段にびっしりと文字が埋められた風変わりな広告が掲載された。

4月と7月の2回シリーズ。その長い文章の最後に、ともに同じコピーで結ばれていた。〈これから10年の日産を見てください。〉

固い決意を世に問うた日産ではあったが、市場は甘くなかった。

欧州で大成功を収めたプリメーラは日本市場を意識したモデルチェンジで売れなくなり、満を持して送り出したニューモデルはことごとく不評だった。

そこで、日産は新たな広告を打ち出すことになる。

当時、プロ野球チーム、オリックスの野手だったイチローを起用した〈変わらなきゃ〉キャンペーンだ。

販促広告の〈イチロニッサン〉とともに、広告はヒットしたが、肝心の車はヒットしなかった。変われなかった日産は、その後〈変わらなきゃも変わらなきゃ〉という広告も出している。冗談のようだが、本当の話だ。

冒頭に紹介した新聞広告は広告業界では話題になり、広告制作者のインタビューが業界誌に掲載されたことがあった。

そこには、日産の役員が揃う経営会議に、若いクリエイターたちも参加し、意見を述べ、何度も修正を重ね文章を練り上げたことが誇らしげに語られていた。曰く、広告会社も経営に参加する時代なのだ、と。

しかし、周知の通り、あの固い決意から10年も経たない99年、2兆円を超える有利子負債を抱え、倒産の危機を迎える。同年3月、日産はフランスのルノーに助け舟を求め、資本提供を受けることとなる。

当時はキラキラと輝いて見えた広告を今見直すと、すべてが虚しく映る。まるで〝言うだけ番長〟である。結局、実効性のある施策は広告には何ひとつ表現されていなかった。書かれていたのは、やがて破られる約束だけだ。

あれから、27年の時が経った。テレビではあまり放映されていなかったので、観たことがある人は少ないかもしれないが、〈日産がやらなくて、ほかに誰がやる。NISSAN PRIDE〉という60秒CMがある。

ナレーションは矢沢永吉。テクノロジーがつくる未来がスタイリッシュな映像で描かれた広告だ。プレスリリースによると2018年度の新ブランドキャンペーンとのことだが、現在、動画は削除され、ブランドサイトも以前のものに切り替わっている。

ゴーン元会長が逮捕される前にこのCMを偶然目にして、なぜか日産の昔の広告を思い出したのだった。

自己陶酔的な言葉づかいに見え隠れする気負いや、自分を実体以上によく見せようとする心が、90年代の一連の広告にどこか似ていると感じたのだ。このCMが制作されていた頃には、日産内に反ゴーンの空気が存在していたのだろうか。日産の誇りを取り戻したい気持ちが先走っているように感じる。

フランス政府の思惑も絡む今回の騒動には、日産に同情的な気持ちもある。しかし、晴れて経営的な独立性が担保されたとしても、日産はあの頃の生ぬるいメンタリティーに戻ってはだめだ。

騒動が落ち着くと、次は日産のガバナンスが厳しく問われていくだろう。あの頃はよかった、と思うようでは先が思いやられる。


「池本孝慈の超広告批評」(ZAITEN19年2月号)

「あの頃に戻りたい症候群」は、単に口の悪い広告批評家に批判されるだけでなく、経営をも揺るがしてしまう。今は観ることができないこのCMは、この冷徹かつ厳然たる事実を雄弁に物語ってしまうのかもしれない。日産にとって「あの頃」とはルノーに救済される前の、倒産の危機に喘ぐ日産に戻るということだ。ガバナンスなき環境の中で経営陣も宣伝部も、労働組合も偽りの自由を謳歌していたことだろう。しかし、そこに戻ることは企業としての死を意味することは言うまでもない。今は、そうならないことを祈るしかないが。

第三章

倫理なき広告とプロパガンダ

震災、広告、消費

ここ最近、特に思うことがある。極端な話だからまだ誰にも話していない。それは「広告は軍事と同じように慎重に扱うべきものなのではないか」ということだ。これはプロパガンダについて語りたいから言っているわけではない。この原稿は平成が終わろうとする4月中旬に書いている。だからなのかもしれないが、この極端な考えが頭から離れることがないのだ。以前はそう思わなかった。目の前の仕事に夢中だった若い頃は、広告の仕事を多少の失敗をしても人は死なない気楽な稼業であると思っていた。もちろん誤植をすれば下手すれば自分の首が飛ぶし、下手くそな広告をつくれば企業に損害を与えてしまう。でも、少なくとも人が死ぬことはない。そう考えていた。

僕のそんな甘っちょろい考え方が揺らいだのは、2011年3月11日に起こった東日本大震災だった。あの頃、あくまで僕の感覚の話であるが、一時的に政府が機能不全に陥り、擬似的な無政府状態になった。ニュースは被災地の惨状と、福島第一原発の日々変わる危機的状況を伝え続けた。僕らは1995年に阪神・淡路大震災を経験しているし、その間にも大規模な災害はいくつかあった。

しかし、東日本大震災が他とは違っていたのは「無政府状態による高揚感」としか言いようがない奇妙な空気だった。

関西出身者として阪神大震災の時に感じたのは、単純な違和感だった。例えばテレビのニュースショーのアンカーをしているジャーナリストが被災地を取材している際に〈まるで温泉街に来ているようです。そこら中から煙が出ています〉とレポートしたり、震災が起きたばかりの日に全国ネットの特番で「もしこの震災と同じ規模の地震が首都圏で起きたら」と仮定した話を精密なCGを駆使して再現してみせたり、それは東京一極集中によって起こった想像力の欠如と鈍感さだった。もちろん、件のレポートもテレビ的な分かりやすさを求めたがゆえの軽い失言程度のことだし、今の民放システムであればどうしようもないことなのだろう。

しかし、東日本大震災は質的には異なるものだった。

テレビの全国ネットで「もし、首都圏で……」的な特番は今回もあった。しかし、同時に報道されていたのは震災直後に東京の建築家や都市計画の専門家が「今こそ電柱地中化の推進を」といったシンポジウムを開いたり、東京の著名な建築家が被災した被災地に弥生時代の高床式住居を模した奇天烈な公共施設を提案したりしていることだった。当然、提案された住民は戸惑うが、番組はその戸惑いと建築家の説得という葛藤を建築家の新しいものをつくる情熱に対し肯定的に描き応援していた。

高揚感はSNSにもあった。文化人たちが自身の高揚感を共有し、その主張をできる限り拡散すべく広告的なレトリックを駆使して言葉を投げあっていた。代表的なものは「FUKUSHI

MA」と「フクシマ」だろう。

これは、人類史上で初めて原子爆弾が投下された広島が、その惨状が英語圏を中心とする世界で広く知られることとなり、英語表記の「HIROSHIMA」が逆輸入され、日本語圏でも象徴的な意味を持つようになったという記号論的なレトリック生成プロセスを模倣したものだろう。この「HIROSHIMA」あるいは「ヒロシマ」という言葉は、戦後日本の反核運動において、反核運動の象徴的な言葉になる。原水協（原水爆禁止日本協議会）と原水禁（原水爆禁止日本国民会議）が激しく対立した際にも、互いの党派を結束させる旗印となった。

80年代に活躍した日系アメリカ人の和楽器フュージョンバンド「HIROSHIMA」は、そのバンド名を決めるときに、そのスタイルから、日本的なイメージを想起させ、かつ、世界的に通用し、かつ、オリジナリティーのあるネーミングとして「HIROSHIMA」を選んだという。ニューエイジ的な傾向を持った彼らは、当時、広島の原爆投下を詳しく知らなかったという。この程度なら、若さゆえの軽薄さと済ませることができるだろう。

だが、日本語を母語とする人々が、原発事故が起こったばかりで現在進行系の危機的状況が日々刻々と変化するあの時に「FUKUSHIMA」とSNSで書き記すことは意味合いが違う。これは広い意味で広告的な意図を持って記号論的なレトリック生成システムを使ったということだ。特に注目するべきことは「FUKUSHIMA」という言葉は、ある特定の運動や党派だけが使用しているのではないということだ。それぞれの党派がそれぞれの意図を込めるために福島を「FUKUSHIMA」と呼ぶ。こうして出来たコミュニケーション空間によって形成されたSNSからマスメディアまで包括する広い意味でのメディアが疎外するものは何か。それは、他ならぬ多くの人々が我が故郷として毎日の暮らしを営む〝福島〟なのだと思う。

福島県を旅した者なら分かると思うが、福島県は広い。福島県は大きく会津、中通り、浜通りの三つの地方に分かれるが、その大括りの地方を行き来することでさえ一苦労だ。そんな物理的な事象を捨象して一括りで「FUKUSHIMA」と呼ぶことの影響は、距離がある外国ならともかく、他ならぬ同じ国に住む僕らは考慮すべきことだったのではないか。それほど難しいことではない。考えなかったということは、すなわち、その考えが粗雑で甘いということだ。危機的状況下において、粗雑で甘い思考はいらない。「FUKUSHIMA」という言葉は、今ある危機を分かりやすく伝えはしたが、本来は拡張すべきではない場所にまで偽りの危機を煽った。そして、僕らが認識しなければならない今ある本当の危機を見えにくくしてしまった。

他にもある。昭和初期の物理学、地震学の専門家で随筆家としても知られる寺田寅彦の随筆「小爆発二件」（1935年）の中の言葉〈ものをこわがらな過ぎたり、こわがり過ぎたりするのはやさしいが、正当にこわがることはなかなかむつかしいことだと思われた〉という一説を引用する形で〈正しく怖がる〉というフレーズが流行した。原発事故で起きたパニックを正しい原子力や放射線の知識の啓蒙によって鎮める意図で用いられた。意図は分かる。しかし、この言葉の選択は本当にこれで良かったのか。そもそも寺田の随筆は噴火を続けている浅間山に「なになんでもないですよ、大丈夫ですよ」と言い、平気で登る学生を見て「いや、そうでないです、そうでないです」と寺田に囁く地元で日々浅間山を見続けている駅員を対比させながら〈正当にこわがることはなかなかむつかしい〉というものである。ここで語られているのは火山の噴火予測を含めた地震学と、その成果を人々に伝えることの難しさであり、そこから引用され〈難しい〉というつながりを省略した〈正しく怖がる〉とはまったく意味が異なる。

この〈正しく怖がる〉というバズワード（人に関心を持ってもらうため、もっともらしい説明が付けられた専門用語）には〈正しく恐れる〉というバリエーションもあった。双方とも元の意味の誤用である。そして、その誤用は原子力や放射線についての知識や専門性についての信頼回復という広告的意図が込められている。つまり、これもまた広告的な意図を持った記号論的レトリックなのだ。

この元も文脈と切り離され使用された〈正しく怖がる〉もしくは〈正しく恐れる〉には広告的に一つの重要な問題点がある。あの無政府状態にも似た、人々が、とりわけ文化人たちが高揚感を抱え混乱を極める状況下において、この言葉は「感情の正しさ」を人々にメッセージしてしまう。この通りのいいフレーズは、人々に「感情にも正しさがある」とした上で、「あなたのその感情は正しい」。しかし、別の人には「あなたのその感情は間違っている。それは正しくない感情である。やめろ」と迫るといった具合に、人々を正しい人と間違っている人に分断していく。

感情に正しさはない。あってたまるかと思う。人は誰からも自分の感情の正しさを問われない。この〈正しく怖がる〉という言葉が疎外したのは、震災で被害を受け様々な感情をその心に抱えながら生きる被災地の人々である。

東日本大震災では〈きずな〉という言葉が繰り返し語られた。本流のジャーナリズムは悲しみにくれる被災地の人々を報道し続けた。その一方で、サブカルチャーと随伴する軽めのジャーナリズムは逆境の中で明るく前向きに生きる人々の様子を紹介した。エンタテインメントや広告文化と親和性がある文化人たちは、「従来のジャーナリズム、特にテレビはなぜ悲惨な状況にある人ばかり紹介するのか。暗いBGMで演出までして。こんなことでは復興は進まない」と苦言を述べ、人々の共感を得た。でも、僕にはそのどちらも違和感がある。どちらも自分が望む被災地の人々を消費しているだけである。特に、ジャーナリズムとして伝えたい課題やミッションを強く持たない後者は、消費そのものがミッションになってしまっている。つまり「震災を消費する」ことが目的になってしまっているのだ。

僕は放送批評懇談会のギャラクシー賞ラジオ部門選奨事業委員をしていた。震災から5年が経った3月11日前後に、全国のラジオ局で放送された震災特番のほぼすべてを試聴したことがあった。感じたのは、東京の放送局にその傾向が強いということだった。ラジオは基本的には地域メディアだから、自分が住む地域における震災の意味を表現するのは自然なことだ。しかし、東京は少し趣が違った。東京にとって消費しやすい物語をパッケージングしようという意図が強く感じられた。これは阪神・淡路大震災にはなかった東日本大震災の特徴だと思う。阪神・淡路大震災の直後にオウム事件があったことも影響はしているのだろう。また、距離と規模の問題もあるのかもしれない。広告と消費。東日本大震災は、この二つの要素が色濃く出た震災だったと思う。

消費は万能なのか

1980年代に形成された「すべては広告なのだ」という考え方が擬似的な無政府状態による高揚感の中で亡霊のように甦ったのかもしれない。「すべては広告なのだ」ということは、つまり「すべては消費なのだ」ということだ。この消費至上主義、さらに言えば消費原理主義は本当に万能なのだろうか。

象徴的に言えば、日本の人口の30%弱を占める東京圏が受容しやすい「逆境にありながら健気に前向きに生きる被災者」という物語をつくることで「オレも明日からがんばろう」という形で消費が促進され、被災地に注目と関心が集まる。そのポジティブな注目と関心をお金に換えるクラウドファンディングをはじめとするシステムも現在のネット社会には備わっている。すべてがウィン・ウィンじゃないか。しかし、本当にそうだろうか。

あえて東京が日本における一大消費地だから語弊を恐れずに言い切れば、消費原理主義は東京が消費できる物語しか提供しないし、その物語を受容する人、つまり消費者しか救わない。他の人々の思いは経済原理で切り捨てられる。インターネットの発達によってロングテール経済が推進されたが、それは基本的に大きな消費の流れを補完する以上にはならず、その効力にも限界はあるだろう。ここ十数年を振り返るに、社会は、消費原理主義に付随する広告的意図を持った記号論的レトリックによって分断と対立を深めていったのではないか。

消費原理主義と関連する考え方として「評価経済社会」という概念がある。評価経済社会とは、SNSによって実現した個と社会によるつながりによって、貨幣が媒介となってモノやサービスと交換することで成り立ってきた経済社会から評価を媒介とする経済社会になるという考え方だ。岡田斗司夫氏の言葉を借りると〈1億円持ってる人より、Twitterのフォロアーが100万人いる人のほうが偉い〉ということだ。そもそもTwitterもFacebookもやらない人にとって「オマエは何を言っているんだ」という感じだろうが、一部の界隈では本気で語られている。もちろん、そういう経済環境が生まれているのは事実だ。しかし、これが経済社会と言い切れる規模で普及するかどうかは疑問だ。評価経済社会は里山資本主義や地域通貨など、定期的に出てくる資本主義への対抗運動だから真に受けなくてもいいと言えばそれまでだが、この素朴な消費至上主義について、SNSで多くの人がつながる時代だからこそ負の部分に目を向ける必要があると僕は思っている。

消費原理主義の最大の武器は広告である。そこでは前章でも述べた通り、「Twitterのつぶやき一つも広告である。僕は「広告は多少の失敗をしても人が死なない気楽な稼業」と思っていた。今の僕は、その考え方を否定する。それは呑気で牧歌的な思考だった。広告は人を殺す。国民の安全を守る軍事力が、その手段として人を殺す暴力を備えていることと同じだ。

プロパガンダと広告

情報戦という言葉がある。経済活動における熾烈な広告合戦を意味する比喩ではなく、軍事における本来の意味としての情報戦だ。この情報戦（IW＝Information Warfare）はコンピュータ・ウィルスの投入や電磁パルスによる情報システムの破壊などの物理的な情報工作も含む多義的な言葉ではあるが、ここでは情報戦の中でも広告的な手法を用いるプロパガンダに焦点を当てたい。戦争は最大限の努力によって避けなければならないものではあるが、いざ戦争になると武力が行使される。武力は使ってはならないものではあるが、戦争という危機的状況においては禁止されない。プロパガンダも同じだ。

いかなる手を使ってでも情報戦に勝たねばならないとは言え、そこにもやっていいことと、そうでないものがあるというのは武力行使を伴う軍事と同じだ。大きく分けてプロパガンダには三つある。ホワイト・プロパガンダ＝白色宣伝とグレー・プロパガンダ＝灰色宣伝、そして、ブラック・プロパガンダ＝黒色宣伝である。ホワイト・プロパガンダの要件は情報元が明示されていて、かつ正しい事実や情報によって構成されているもの。グレー・プロパガンダは、情報元が敵対する勢力のものであると偽ったもの、ブラックはそれ以外のすべて。

つまり、軍事の文脈においてのプロパガンダにおいてさえ、明確な区別がなされているのである。グレー・プロパガンダやブラック・プロパガンダを用いた国家は、戦後、そのことがバレたとき、批判され国際的信用をなくす。それは広告においても同じだ。

若い頃、自分が生業としている広告と国家が情報戦に勝つために行うプロパガンダはどう区別されるのだろうか、区別されるとすればどういう基準なのだろうかと考えていた。歳を重ねた今、結論は明確に言える。同じである。違いは消費促進やブランド向上のために行うか、情報戦に勝利するために行うのかだけである。プロパガンダも含めた軍事力は国が独占している。国は軍隊を持ち、その強大な権力を国に適切に行使させるためにシビリアンコントロールをはじめとする民主主義的な管理制度を制定している。軍隊を構成する軍人は、その教育課程によって高い倫理感を備えるように育てられている。これは日本の自衛隊も同じだろう。

この章の冒頭に「広告は軍事と同じように慎重に扱うべきものなのではないか」と書いた。その意味は、「広告とプロパガンダに違いはない」という僕なりの結論から導きだされたと言えるかもしれない。広告とプロパガンダは同じである。しかし、情報戦という軍事領域の行為であるプロパガンダとは違って、民間の広告はシビリアンコントロールのような、軍部の暴走を制御するシステムを持たない。であるならば、広告人である自らが高い倫理観を持ち、自分がしていることの社会的な意味や影響について、他の誰よりも意識的になり、自らを律していく以外ないのではないだろうか。高い倫理観を持てというのは青臭く教条主義的な考え方ではある。しかし、どのように考えてもそれ以外の方法はなかなか見つからない。あるとすれば国家の統制を強めよ、と説くことくらいか。しかし、それはディストピア以外の何物でもないだろう。

震災の話に戻そう。ＳＮＳによって個人が不特定多数に情報を発信できるようになった。批判であれ賞賛であれ、一般的な社会の規範において公で言ってはいけないこと以外は何でもメディアを通して個人が話せるようになった。それは素晴らしいことだ。グーテンベルクによって知が民衆に開放されたように、インターネットテクノロジーは民衆に情報発信の自由を与えた。しかし、その自由は民間企業も含めた民衆自身が国家による情報扇動手段であるプロパガンダを行う自由をも含む。国家が行うプロパガンダは悪で、民衆が行うプロパガンダは正義だという考え方を僕は採用しない。プロパガンダは誰が行ってもプロパガンダである。自由を守るためには、自由を享受する者が自らを律することが必要になる。軍事という力を独占する国家が厳しい統制を求められることと同じだ。大変な時代になったとは思うが、時間は後には戻らない。僕は広告的意図を持って記号論的なレトリックを用いて語られた〈ＦＵＫＵＳＨＩＭＡ〉や〈正しく怖がる〉にもっと警戒心を持つべきだったと思っている。

「いや、それは一定の役割を果たしたではないか。あの時、正しい情報が分からずにみんな迷っていた。あの言葉でそれが広がり、みんなが知るようになった」という反論もあるだろう。しかし、人々を正しく導くことができればどのようなことをやってもいいというのは泥沼化する戦時下のプロパガンダ合戦と同じ論理だ。国家も自国の論理が正しいと確信して情報戦を戦っている。少なくとも、あの特殊な高揚感に包まれて普段は冷静だった文化人たちが変わっていく様を眺めていた僕は、もう無邪気ではいられない。

ＴＢＳの握手拒否映像は「訂正」では済まない

さる（２０１７年）７月６日、ＴＢＳ昼の情報番組『ひるおび！』で江藤愛アナウンサーが原稿を読み上げた。

〈訂正です。今週月曜日の放送の中で昨年８月の小池知事就任挨拶の模様を紹介しました。その際の自民党の川井都議会議長が、挨拶に来た小池都知事と握手を拒否したとお伝えしましたが、拒否

したのは、握手ではなく写真撮影でした。失礼いたしました〉

7月3日に放送された問題の映像は、昨年の8月2日、小池百合子東京都知事の初登庁の際のもので、在京民放各社、NHK、通信社も動画で撮影し報じていた。

時事通信社の配信動画を参照すると、挨拶に現れた小池知事を川井氏が出迎えて、フラッシュがたかれ、写真撮影のための長い握手が終わった後、記者から再度写真撮影を求められるが、川井氏は〈あなたの要望に応える必要ないんだから〉と言い笑いが起きる、という流れだった。

TBSは、この流れで握手シーンを編集でカットして放送したのだ。つまり、小池知事が握手を求めるも、川井氏が必要ないと握手を拒否したかのような映像に仕立て放送したということだ。

全体の流れをカットせず編集・配信している時事通信のネット向けニュース映像と比較して検証すると、前後のつながりをより自然に見せるため、テレビ映像1秒間に30フレームある中の数フレーム単位の細かい編集作業を行っていることが分かる。つまり、これは単純なミスなどではなく、9分9厘〝意図的な編集〟だ。

出演者の1人である三雲孝江は〈握手くらいすればいいじゃないねー。ご挨拶なんだから〉と映像を見ながらコメント。司会の恵俊彰やコメンテーター、スタジオの観客からも笑いが起きる。構成台本からの関与も疑われる進行だ。ネットでは左翼偏向という文脈で批判が起きたが、これを報じたマスコミは「訂正」を伝えた毎日新聞くらいだ。

もしかすると、森友・加計問題に象徴される昨今の政局に逆行するこの問題には〝ニュースバリューがない〞との判断があったのかもしれない。

しかし、あらゆるメディアに求められる大前提は、言うまでもなく〝事実に基づく報道〞だ。これは放送法によってテレビにより強く求められる〝政治的中立性〞より上位の、雑誌やウェブを含めたすべてのメディアを貫く大原則だ。意図的な編集で握手拒否という偽の事実をつくり出す行為は、紛れもなく〝捏造〞だ。これを捏造と言わずして何を捏造と呼べばいいのか。

2007年に大阪の準キー局、関西テレビ制作の『発掘あるある大辞典Ⅱ』で、納豆のダイエット効果をテーマにした回の中でデータ捏造があった。当時、総務省は行政指導としては最も重い「警告」を行い、再発の際には停波もありうることを示唆した。

関テレの千草宗一郎社長（当時）は引責辞任、関係者は減給処分に追い込まれ、関テレは日本民間放送連盟から除名処分を受けた。

人為的ミスが原因である誤報や実証が難しい偏向といった問題に比べ、強い動機を持って意図的に行われる「捏造」がどれだけ重いのかを、TBSは理解しているのだろうか。

タレント司会者の傍らでアシスタントを務める女性アナウンサーの棒読みの原稿に書かれた言葉は、あまりにも軽すぎる。

＊

〈編集部註〉小誌が「握手拒否映像」について質したところ、TBS社長室広報部回答は先の訂正内容と同様の「恣意的な映像改竄はない」というものだったが、これで納得できるはずもない。武田真二社長自らが「捏造」疑惑への責任を果たすべきだ。

「ZAITEN REPORT」（17年10月号）

この事例は広告ではなくテレビ放送番組についてのものだが、根は同じだ。この頃はいわゆる「小池フィーバー」一色で、東京都という一地方自治体の首長選でもあるにもかかわらず全国ネットのワイドショーは連日、東京都知事選関連の話題をこれでもかこれでもかと取り上げていた。芸能を主に扱うワイドショーは、普段はタレントの不倫やスキャンダルなど、大衆の〝下衆興味〟を満たす軽めの話題を取り上げることが多いが、政局が加熱すると視聴者の興味を満たすべく政治一色になることが多い。

テレビ局の組織は大きく分けて、バラエティー担当と報道担当に分かれている。バラエティーにはバラエティーの矜持、報道には報道の矜持が別に存在している。バラエティーはとにかく楽しさを求めるが、報道は事実の追求と解明が命だ。報道ジャーナリストは、自らが信じる正義に基づいて隠された事実を追い求めることが仕事である。そのジャーナリスト魂は、報道担当のテレビマンにもある。テレビの報道番組は、地上波テレビという公共性から高い事実性の担保が求められる。また、日本の放送法には欧米では多様化するメディアの現状に照らして撤廃されたフエアネス・ドクトリン（政治的中立性の遵守）がまだ存在する。

つまり、日本の報道担当テレビマンにとって、テレビの政治報道の世界は、新聞や雑誌などの放送法の枠外にあるメディアと比較して、あらかじめ枠にはめられた堅苦しいものと言えるだろう。そんな鬱屈した感情を抱き日々政治報道に勤しむ彼らに、バラエティーからお呼びがかかる。そこでバラエティーの自由を取り違え、勘違いし、時に暴走してしまうことがあるのかもしれない。過去に放送行政を揺るがしたTBSの不祥事は大きく二つある。ともに「TBS事件」と呼ばれるからややこしいが、一つは1968年のTBS成田事件。これはワイドショーの走りだった『ポーラ婦人ニュース』内での成田闘争取材の中で、反対派のプラカード搬入の手助けをしたとして放送法の中立条項違反が問われた件。そして、もう一つは89年のTBSビデオ問題である。これはワイドショー『3時にあいましょう』でオウム真理教に批判的だった坂本堤弁護士のインタビュー映像を事前にオウム真理教幹部に見せてしまったというもので、後の坂本弁護士一家殺害事件のきっかけをつくってしまった。同事件により、TBSはワイドショーを全廃する。今、昼2時（1時55分〜）の平日帯枠のワイドショーが東京では名古屋CBS制作の『ゴゴスマ―Go Go! Smile!』が流れているのは、その名残である。

この事件について詳しくは述べないが、ここで指摘しておきたいのは、二つのTBS事件の舞台がワイドショーだったということである。前者はワイドショーを報道がつくる、後者は報道をワイドショーがつくるというねじれた構図による問題を露呈している。『ひるおび！』で起きた騒動も、同様に日本の放送業界の構造的な問題だと言えるかもしれない。

それほど大きな問題にならなかったこともあって握手拒否映像の真相は解明されなかったが、この事件は報道担当のテレビマンの東京自民党の印象を悪くしたいという広告的意図によってなされたものではないかと僕は考えている。この映像をプロパガンダとすれば、完全にブラック・プロパガンダにあたるだろう。映像が放送で流れてしまった以上、単なる事故で済ませられる問題ではない。

では、いよいよ広告の事例の紹介に進む。

トライ　おもろければOK？　いや、ダメなもんはやっぱりダメやろ

アルプスの少女ハイジはなぜ広告によく使われるのか。答えは簡単。版権を持つ瑞鷹(ズイヨー)が広告使用に寛大だからだ。広告業界には昔、「困ったときのウルトラマン」という言葉があった。露出が増えるのは子どもたちのため、というのが表向きの理由だが、円谷プロの経営的事情もあったのだろう。ハイジも理由と事情は同じだと思う。

現在、ハイジを使った広告と言えば「家庭教師のトライ」だ。当時の映像を使い、その物語世界にキャラクター「トライさん」が登場する。開始は2012年。キャンペーンが短命化する中、4

年以上続いていることからもヒット広告と言っていいだろう。制作は電通。

ソフトバンクの白戸家の広告をつくっているクリエイターが制作していると言えば納得する方も多いのではないだろうか。広告賞も受賞し好感度調査でも上位をキープ。そういう意味で世間も業界も「あかんヤツ」とは思っていない広告ではあるが、僕は以前からこの広告には、広告の根幹部分を揺るがしかねない危うさがあると感じてきた。

問題点を語る前に、この広告につながる過去の作品について触れておきたい。09年の日産ＮＯＴＥ「低燃費少女ハイジ」だ。制作はＴＢＷＡ／ＨＡＫＵＨＯＤＯ。世界最大の広告会社ＴＢＷＡはその企業哲学にDisruption（常識の破壊）を掲げている。国民的アニメを大胆にアレンジしたポップなイラストと荒唐無稽なストーリーで若者からの圧倒的な支持を得た。以降、ハイジは「いじってもいい」というコンセンサスが広告業界で形成されていった。

同じハイジを起用した広告ではあるが、日産とトライの広告では表現手法は異なる。前者が原作をモチーフとして新たな表現を創造するという意味でパロディーとするなら、後者は原作が持つオリジナルの映像、声優陣、ストーリーを援用した二次創作と言える。もちろんキャラクターを起用した広告の多くは二次創作だが、その手法をアンダーグラウンドで流通するアマチュア二次創作作品群の域まで突き詰めたところに、トライの広告表現における現代的な意義を見出すこともできると同時に、問題点の本質も浮き彫りとなる。

二次創作の多くは著作権的にはグレーであるが故に、ネットの片隅やコミケで流通し表舞台に出ることはない。しかしトライの広告はグレーを白に変え、CMとして地上波で流通させた。今もたびたび再放送される原作アニメを見たことがないまだ幼い子どもたちに、あの厳格なおじいさんがラップする素っ頓狂なハイジの世界を繰り返し刷り込むことは許されることなのか。

オモロかったらなにやってもええんか、と思う。

コンテンツに敬意を持てとは言わない。ギリギリを攻めるのも広告の本分だ。でも営利行為である広告には、していいこととダメなことの分別が他のどの表現活動より高く求められる。はじめてのハイジが「家庭教師のトライ」という悲しい状況を大の大人がつくってどないするねん。

「池本孝慈の新広告批評 これ、あかんヤツやろ。」(ZAITEN16年11月号)

その後のトライ

トライに関しては、この連載を始める初回で〈やるからにはヌルい批評にはしない。ここには企業の商行為に対する厳しい目もある。業界人にありがちな身内褒めは通用しないだろう。「これ、あかんヤツやろ。」というタイトルは僕なりの覚悟の表明だ。次回は「家庭教師のトライ」のテレビCMを取り上げる〉と予告した。

連載第2回目であるこの原稿が、ZAITENに掲載された時に流れていたのは「おんじへのお便り篇」だった。おんじとはハイジのおじいさんのことだ。おじいさんが手紙を読んでいる。そこに〈静岡県 杉本さんからのお便り〉というテロップがある。少し人を喰ったような口調の男性ナレーションが〈最近、トライのCMはふざけすぎだと思います。もっと個別指導塾ナンバーワンの事実とかプロ家庭教師による医学部コースなど、たくさんの訴求すべきたくさんの事実が……〉と読み上げ、おじいさんはそのお便りの途中まで読み上げたところで手紙を丸めて暖炉に投げ捨て火にくべるというものだ。

単なる偶然だろうが、CM制作期間を含めて時系列で考えれば、僕の連載初回の原稿（11ページ参照）に対するアンサーのようにも思える。このCMを制作しているであろう時期には「トライのCMを広告批評で取り上げる」と告知しただけで、批判内容には言及していない。つまり、トライ側はどのような切り口で批評が書かれるかを知らない。僕が書いた批判点は連載回をお読みいただいた通り、このCMで描かれているトライが想像する批判の切り口とは異なる。

事実を確かめる術はないが、このCMを観て、僕は単純に「ああ、また、非寛容で何かにつけてああだこうだうるさい社会に対する暗い敵意が見え隠れするなあ」と思った。仮に僕が批評すると予告したことが分かっていたと仮定すると、トライのCM制作者たちはこういう「広告的に正しくない、本当に訴求すべきことがきちんと訴求できていない」、つまり「ふざけ過ぎだ」という批判だと思ったということになる。そうでなくても、自身に向けられるであろう批判や苦情はこういうことだろうと思っているということだ。

推測に過ぎないが、僕はトライに苦情が数多く寄せられているとは思っていない。好感度調査も常に上位にいるし、テレビを観るお茶の間もこのCMを楽しんでいるだろうと思う。クリエイティブの質は高い。この苦情自体、演出上のフィクションだろう。

しかし、多くの人々が支持しているからといって、本当にこれでいいのかと思う。多くの人々が楽しんできたアニメの名作をその世界観を破壊するまでに改変し、そのギャップの面白さを広告的な目的のために利用することが肯定されるほど広告は偉いのかと思う。あらゆるジャンルの作品を利用して壊してしまうような表現分野は、いずれ他の表現分野から反撃を受けるだろう。コンテンツを所有する権利者との契約があるから合法的ではある。これは広告というシステムが社会と折り合いを付けながら発展していくことを見据えた倫理の問題だ。これから「アルプスの少女 ハイジ」という作品と出会う子どもたちのことを一度でも考えたことはあるのだろうか。良心は痛まないのだろうかと思う。

「ZOZOTOWN」〝ツケ払い〟CMは明らかにアウトやろ

傘もささず激しい雨に打たれ、ずぶ濡れになっている若い女性。目に涙を浮かべながら叫んでい

る。〈好きだもん。好きなんだもん。2カ月待つなんてできないよ――〉

スタートトゥデイ（現ZOZO）が運営する日本最大のファッション専門ショッピングサイト、ZOZOTOWNの料金後払いサービス「ツケ払い」CMのワンシーンだ。

この「ツケ払い」はGMOペイメントゲートウェイが提供する「GMO後払い」のZOZOTOWN側の別称で、税別5万4千円を限度に料金の支払いを2カ月間先延ばしにできるサービスのことだ。

顧客が「ツケ払い」利用で注文すると商品は顧客のもとに届くが、法的には商品をGMOペイメントゲートウェイが一旦買い取る。

商品到着後2カ月以内に顧客が料金を支払うことで商品の所有権はGMOペイメントゲートウェイから顧客に移り購入完了となる。

通販会社に未収金回収リスクがなく、通販利用者に新たな利便を提供する後払いサービスが可能になった背景には、リアルタイム与信という最新のクラウドテクノロジーにあるというのが表向きの見解だ。

しかし、言うまでもなく手元にお金がなくても気軽に買い物ができる後払いというサービスは、多くの債務者を生み出しかねない危険性を孕んでいる。

しかも支払い期限2カ月という設定は割賦販売法による信用調査の適用外でその審査はかなり甘い。自身に支払い能力がなくても簡単に利用できてしまう。

後払いは通販事業者がそのリスクについてかなりの注意喚起を行う必要があるサービスである。にもかかわらず、そのメリットだけを通販事業者がテレビCMで大々的に訴求することは社会的に許されることなのだろうか。

ZOZOTOWNの顧客には支払い能力が低い未成年も多い。どうなるかは目に見えている。ZOZOTOWNを運営するスタートトゥデイは外注先に過ぎないGMOペイメントゲートウェイの後払いを自社の太っ腹なサービスに誤認させる「ツケ払い」という独自のネーミングを開発し与えている。

そして、「ツケ払い」を訴求するためだけに人気女優を起用したCMを制作し、若い人の関心事である恋愛になぞらえ後払いを利用した衝動的な即買を煽る。

こんなんあかんやろ。少なくとも、高い信用と企業倫理が問われる東証一部上場企業のやることではないと僕は思う。

随分前にペットショップの子犬が可愛すぎて買いたくなるというストーリーのCMがあった。消費者金融会社のものだ。

あの時に感じたのは、お金を借りて子犬を買うことを薦める広告を、他ならぬ消費者金融自身がつくっていいのかということだった。CMはヒットし売り上げも株価も上がった。だが、この会社がその後どうなったかはご存知の通りだ。

今回はターゲットが大人ではなくこの国のこれからを担っていく若い人たち。その責任は相当に重い。

「池本孝慈の新広告批評 これ、あかんヤツやろ。」（ZAITEN17年6月号）

その後、スタートトゥデイはZOZOに社名変更した。第一章でも触れた通り、なんでもありなZOZOは業績不振に苦しみ経営の再考が求められている。ここで、連載でも触れている消費者金融のCMについて補足しておきたい。

アイフル「チワワCM」の教訓

連載で触れた〈消費者金融の広告〉はアイフルが2002年に制作したCMのことである。ある男性がペットショップでかわいいチワワと出会う。チワワはつぶらな瞳で男性を見つめる。男性はチワワから目が離せなくなる。そこに〈どうする？　アイフル〉というコピーが出る。このCMはチワワの可愛さもあって大ヒットした。このCMの何が問題なのか。

かつて日本には銀行を含めた金融機関の広告が流すことができない時代があった。表向きは自主規制ではあったが実質的には禁止だった。当時は金利が自由化されておらず、広告による競争原理は馴染まないという理由だ。今では高値で取引されている銀行マスコットの塩ビ人形は、広告ができない銀行の苦肉の策として生まれたものである。1985年に金利自由化があり、90年にラジオCM解禁、続いて91年にテレビCMが解禁、93年には番組提供や放送時間制限も全面解禁となり今に至る。著名な俳優や文化人等には、今もCM出演条件に「金融NG」という項目を設けている者も多い。

消費者金融が「欲しかったら我慢せずにアイフルでお金を借りればいいじゃない」とメッセージするアイフルのチワワCMは、当時としてもかなり踏み込んだCMだった。このCMもあり、アイフルは増収増益を重ねていく。しかし、その一方で、強引な営業活動や違法な取り立てが社会問題化し、05年に「アイフル被害対策全国会議」が結成され、06年、アイフルは近畿財務局から業務停止命令が出る。これにより株価は急落、業績が大幅に悪化し、アイフルは事業再生ADR（裁判外紛争解決手続）による再建を迫られることになる。これはただの偶然ではない。

チワワCMには消費者金融を生業とする者が持つべき社会的責任という視点がない。〈どうする？　アイフル〉は広告コピーの表現としては見事ではある。しかし、その見事さは自身が与える影響について無邪気なのだ。消費者金融は子犬がどうしても欲しいくらいの、お金を貯めてからでもできる小さな欲望に対してお金を借りることを推奨してはいけなかった。むしろ、そんな小さなことではお金を借りてはいけないと注意喚起すべきだった。〈どうする？　アイフル〉という倫理の歯止めが壊れたキャッチコピーは、やがてインターナル（内部）の経営や営業にも多大な影響を与えていく。これもまた広告原理主義による弊害の一つとして意味付けできるだろうと思う。

現在、アイフルは〈愛がいちばん。〉という社名の連想によるマインドシェア向上戦略による料亭の女将さんと板前のナンセンスなドラマCMを流している。女優の大地真央が演じる女将さんが板前を演じる芸人の今野浩喜に対して唐突に〈そこに愛はあるんか？〉と問うシーンが人気だ。

僕はこのあたりが表現の限界だろうと思う。

P&G「ボールド」広告の信用を毀損しかねない〝言い間違い〟CM

授業カンサン？

えーっ、そんな言葉あったっけ、いつの間に授業参観を授業カンサンと言うようになったのか、と思って辞書を引いたりネットで調べたりしたが、授業カンサンなんて言葉はどこにも出てこなかった。

あのCMのことか、と思われた方も多いだろう。

この言葉はP&Gの家庭用洗剤「ボールド」のワンシーンに出てくる。カタコトの日本語を話す外国人主婦である〝山田さん〟が登場する人気CMだ。

該当の部分は冒頭の主婦仲間でバーベキューをしているシーン。小倉優子演じる日本人主婦が〈山田さんどこ行くの？〉と尋ねると山田さんが〈息子の授業カンサンです〉と答える。30秒バージョンではこの後に小倉が首を傾げながら〈授業参観？〉と聞き返すカットが用意されているが、15秒バージョンはこの部分が削除されている。

このために演出意図が不明瞭になり、授業カンサンという言葉の違和感だけが視聴者に残ることになる。

P&Gはネット利用者の問い合わせに〈山田さんは「息子の授業観戦」と発言しています〉とした上で、カタコトの日本語表現や演出が伝わりづらかったことを詫びている。

公式にはこう答えざるを得ないと思うが、実際には〝授業カンサン〟はあらかじめ広告表現として巧みに計算された演出と考えるのが自然だろう。

家庭用洗剤のような大量消費型商材の場合、広告の主力は15秒CMになる。30秒枠でも2つの15秒CMを連続で放映するケースがほとんどで、視聴者がこの30秒CMに接触する機会は極めて少ない。

広告が効かないと言われて久しい今、広告表現に携わる者であれば、どんな手を使ってでも記憶に残る広告をつくりたいと思ったとしても不思議ではない。

そういう意味では上手くやったなと思わなくもないが、褒めてばかりもいられないとも思う。気になる、不快に思う、論議になる、騒ぎになるという一連のプロセスによって広告の認知を高めるという意味では、手法としては昨今流行している炎上広告と同じだ。

当然のことだが、これは正攻法ではない。長期的には確実に広告の信用を毀損する。

今回の場合、特に問題だと思うのは、〈授業カンサン〉という、人が気づくか気づかないかという微妙な違和感を狙った点だ。

この手法を一度認めてしまえば、応用がどこまでも可能になる。実際の効果は定かではないが、放送でも禁止されている「サブリミナル」に近いこともできてしまうだろう。広告は意図された表現だ。たとえそれがいかに自然につくられたものに見えようと、その奥には制作者の意向が必ず隠されている。

これは広告の限界ではなく条件である。その条件を偽装しようとするとき、広告は広告ではなくなる。

広告的な目的を持った広告ではない何か。その何かを健全な社会は絶対に許容しないだろう。たかが〈授業カンサン〉ではあるが、同時に、されど〈授業カンサン〉だと強く思う。

厳しい洗濯用洗剤競争の中で高い人気を保ちつづける「ボールド」は、正攻法で戦ってきた優れたブランドだ。だからこそ、今回のＣＭに関してはＰ＆Ｇに猛省を促したい。

「池本孝慈の超広告批評」（ＺＡＩＴＥＮ18年9月号）

サブリミナルの危険

些細なことではあるけれど重要な問題を含んでいる。社会は広告を許容しているが、その広告はどういう条件が必要なのかという問題である。プロパガンダの歴史を辿れば、こういう無意識に訴える手法のオンパレードである。よくこんなこと思いつくなと思うようなアイデアばかりだ。この〈授業カンサン〉に悪意や敵意はないだろう。だが、悪意があるかどうかは問題ではない。少なくとも〈授業カンサン〉を授業参観と聞こえるまで撮影を続けるべきだったし、このカットをOKにすべきではなかった。〈授業カンサン〉としか言えない〝山田さん〟の愛らしさをストーリーのスパイスにしたいのであれば、15秒バージョンにも盛り込むべきだった。もし15秒バージョンが本命で30秒は何か言われたときのアリバイだったとすれば、単純に日本語に不慣れな〝山田さん〟を表現しているだけだとしてもやはり看過できない。

オウム事件が起こった直後にTBS『報道特集』が麻原彰晃やオウム真理教幹部の顔写真を一瞬だけ忍び込ませるという事件があった。これは恐怖を演出する映像表現であると釈明したが、これも演出の逸脱だろう。日本テレビで放送されていたアニメ『シティーハンター3』でも同様の事例があった。

これは完全に悪意がある出来事ではあるが、11年に東海テレビのワイドショー『ぴーかんテレビ』内でお米のプレゼントを発表する際に〈おいしいお米 セシウムさん〉というテロップが出て大騒動になった。これは制作スタッフの悪意と現場の連携ミスが重なって起きたものだが、こういう悪意とミスの連鎖がいつ起こるか分からない。CMは、放送番組同様、様々な人が関わって制作されている。撮影時間や撮影内容が厳格に契約書によって決められている欧米と比較して日本の広告制作の現場はゆるい。これらの放送事故は広告にとっても他人事ではない。

小林製薬〝悪目立ち広告〟越えてはいけない一線を越えた

小林製薬のCMは嫌いではない。好感度は高くないし、ときどき押し付けがましいな、下品だなあと思うこともあるけれど、しっかりと商品を売っている。

その証拠に、小林製薬のCMが嫌いな人でも、家に帰れば小林製薬の製品の1つや2つあるのではないだろうか。

特筆すべきはネーミングだ。広告のプロなら分かると思うが、デンタルフロスを「糸ようじ」と名付けるセンスは相当なものだと思う。

「消臭元」、「熱さまシート」、「のどぬ〜る」、「トイレその後に」。商品名がそのまま広告として機能している。

こういう広告手法を活用する企業はトイレタリーや生活用品などの企業が多く、海外ではP&G、

SCジョンソンなどが代表的だ。小林製薬もその範疇で世界的に見ても特段異質ではない。

小林製薬の企業スローガンは〈あったらいいなをカタチにする〉というもので、別になくても困らないけど、あったら便利で快適になる。

そんな商品を世の中に数多く送り出してきた。単に〈あったらいいな〉ということなら、商品に多少おふざけが過ぎた名前を付けようと、騒々しいCMを量産しようと何の問題もない。単に好き嫌いがあるだけだ。

歯間につまった食べかすを一気にかき出したり、お部屋の空気を爽やかにしたり、発熱したおでこを冷ましたりする分には、多少誇張気味の表現があったとしても、世の寛容の範囲内だろうとも思う。

だが、栄養補助食品に過ぎない「シイタゲン」をがん免疫療法と関連づけて、あたかも〝がんに効く〟かのようなイメージで広告するとなると話は別だ。

新聞を開いたら、全国紙に似つかわしくない扇情的な女性の顔とともに「エディケア」という名の栄養補助食品が広告されていた。そうは書いていないが明らかにED（勃起不全）を連想させようとしていた。

2007年の日経ビジネスのインタビューで小林豊社長（当時）は、笹岡製薬から「命の母A」の独占販売権を取得した際に、当時の薬事法、現在の薬機法では使えないネーミングだと説明した上で、〈100年ぐらい昔からある薬で、既得権としてこのネーミングを使えるんです〉と語っている。

現在では許可されない、「命の母A」という商品名を使い続けることの是非はここでは触れない。だが、そのことを「既得権として使える」と喜々として語る、そんな軽いメンタリティーで、がんやEDといったシビアな領域に入ってきてもらっては困るのだ。

医薬品はおろか特定保健用食品ですらない栄養補助食品を、がん治療やEDで悩み苦しむ人に、それと匂わせるギリギリ合法な線を狙って広告する。

問われているのは違法か合法かではない。倫理でありメンタリティーだ。他の会社もやっていることだと言うかもしれない。だが、あなた方はテレビをつければ観ない日がない、日本有数の広告出稿量を誇る有名企業だ。

小林製薬は広告が上手だと思う。けれども、その考え方を反映させてはいけない領域は絶対にある。人の生命や尊厳に関わる分野に〈あったらいいな〉は通用しない。

「池本孝慈の超広告批評」（ZAITEN17年11月号）

コンプライアンスの意味

コンプライアンス（倫理・法令遵守）やCSR（企業の社会的責任）という言葉が当たり前になってきて久しい。でも、その意味を本当に理解しているのだろうかと思うことがある。小林製薬も企業ガバナンスの一環として万全のコンプライアンス体制を確保していると企業ウェブサイトでも謳っている。しかし、社長が経済誌でうれしそうに〈既得権としてこのネーミングを使えるんです〉とまるで手柄のように語る企業に真の意味でのコンプライアンスがあると言えるのだろうか。

法令遵守は当たり前である。基本的に法人としての企業だけでなく、ただの生活者にも求められる。僕にしても法律を破って、それがバレれば何らかの罰を受ける。しかし、コンプライアンスという概念が求めるものは単に文字通りの法令遵守ではない。コンプライアンスは企業も社会をともに生きる一員として倫理や法令を守り、公正で聡明な経済活動を行っていくという姿勢をも含む。単に法律を守ることだけが求められているわけではない。脱法的な意識で、法律の裏をかいて合法的に商売をしていく企業にコンプライアンスという言葉は似つかわしくない。

僕は、あくまで常識的にやっていればという前提がつくが、年々厳しく問われるコンプライアンスやCSRを含めた企業ガバナンスに対して高らかに謳わない企業があってもいいとは思っている。「うちは小さい会社ですので、そこまで手がまわらんのですわ」という企業があってもいい。単純に意識の低さから法令を破る契機は増えるだろうし、たとえ単純なミスであっても事情の斟酌もされず、「まあ、あの企業ならいつかはやるだろうと思ってた。身から出た錆だね」と問答無用に厳しく叩かれるだけだ。

たとえコンプライアンスを謳わない企業であっても、この日経ビジネスのインタビューは駄目だ。いかに記者におだてられようと、言った時点で失格。コンプライアンス以前の問題である。言わなければいいだけの話だ。誰にも言わずに既得権を脱法的に手にして商売を続ければいいだけの話。そんな最低限の矜持さえ持たない企業がコンプライアンスを謳う資格はない。できないのなら謳うな。謳うのであればきちんとやれ。それだけだ。

「かぼちゃの馬車」CMスルガ銀行の倫理なきマーケティング手法

経営が傾いて倒産寸前になると会社は急に広告を打ち始めるという法則がある。大規模事案では2006年に破産した平成電電が有名だ。大手広告代理店は情報を摑んでいて受注を拒否、某外資系広告代理店が名乗りを上げ、大規模な広告が倒産直前まで展開された。結果、被害を拡大させることとなった。

今も昔も、広告は信用を偽装する。

平成電電は投資家を欺くために広告を使ったが、女性専用シェアハウス「かぼちゃの馬車」を運営していたスマートデイズにも同じ構図が透けて見える。

破綻したスマートデイズがテレビCMを流していたことはあまり知られていない。それもそのはずで、このCMの投下量はかなり少ない。一般的にテレビCMは、ある一定の投下量を超えなければ効果がないと言われる。なぜ、スマートデイズは効果としては意味のないCMをつくったのか。観たことがない人がほとんどだと思うので、ここでどんなCMだったのかをおさらいしておきたい。

荒野を革のトランク一つで旅を続ける女性。同じく旅を続ける一台の馬車と出会う。ある日、雨に打たれ動けなくなった馬車を彼女は助ける。時は流れ、幻想的な森。樹々の隙間にあの馬車が映る。水辺を悠然と走る馬車にカメラが寄ると、微笑みを浮かべるあの女性の姿が。そこにナレーションが入る。〈シンデレラは、夢を叶えるために馬車に乗った。女性のためのシェアハウス。上京するなら、かぼちゃの馬車〉

旅人を演じるのはタレントのベッキーだ。今どき、海外ロケはないだろうと思うが、芸術映画のような叙情的な映像から、かなりこだわって制作されたことが分かる。

広告としてはメッセージが分かりにくいが、ストーリーを含めて映像作品としての品質は高い。優秀なクリエイターが好き放題やっているのだろう。

このCMの役割。それはサブリース収益物件として投資をするオーナーの信用を得るためだ。提携先であるスルガ銀行のセールスマンが「かぼちゃの馬車」を薦めるとき、上質で安っぽさがなく、誰もが知る有名人を起用したこのCMが営業ツールとしてさぞかし役に立ったことだろう。

いくら背に腹は代えられない状況とは言え、詐欺的な商品の広告塔にさせられてしまったベッキーには同情しかない。日本の広告業界特有の過剰なタレント広告偏重の犠牲者と言えるだろう。犠牲になるのは、いつも弱い者だ。

一方、地銀でありながら全国を市場とした個人向け融資を得意とするスルガ銀行は、マーケティング主導の銀行として知られる。

例えば、単なる個人向けの銀行ローンを「サブカルローン」や「楽器購入ローン〈オトナガイ〉」と名付け、昨今の懐古趣味としてのサブカルブームや中高年の高級ギターブームなどのトレンドを利用し、専門的な仕組みがあるかのように見せかけ欲望を煽る、銀行としての企業倫理を問われるようなマーケティング手法も散見される。

金融庁はスルガ銀行の立ち入り検査を始めた。詐欺事件としての疑惑は、今後解明されていくだろう。

しかし、この事件には広告、さらに言えば、マーケティングそのもののあり方が問われているような気がしてならない。

「池本孝慈の超広告批評」（ＺＡＩＴＥＮ18年7月号）

遵法意識や倫理観を持ち合わせていない者が広告という力を手にすると、こういうふうにも使えるということだ。それは、ろくでもない国家が強大な軍事力を手にしていることと構造的には何ら変わりはない。軍隊や軍人に厳しい倫理が問われることと同じように、広告人には倫理が問われる。

特別講義

「広告表現理論」その歴史と現在

広告の基礎は不変

アド・テクノロジーの進化によって様々な広告手法が開発された。広告の最前線で働く今の若い人はその動向に追いつくために手一杯だろうと思う。メディアの多様化によって、その組み合わせも無限大に広がっていく。だからウェブに掲載される記事や書店に置かれる広告やマーケティング関連本は新しい手法を煽るものばかりになっている。また、マーケティングの基礎という意味ではＭＢＡ（経営学修士）のメソッドがあるが、それはあくまで４Ｐ（Product、Price、Place、Promotion という マーケティングを構成する主要な要素）をはじめとするマーケティングについての理論であって、広告がどういうふうにつくられるのかという広告表現についての諸理論は教えてはくれない。伝統的に広告はマーケッターがその戦略に従ってクリエイターにつくらせるという風潮もあり、広告表現についての理論は、マーケッター、クリエイター双方から軽視されやすく、広告表現の良し悪しは「クリエイターの感性や才能」といった漠とした言葉で片付けられがちだ。

僕は、キャリアのほとんどを外資系広告代理店で過ごしてきた。欧米の広告代理店の差別化のポイントはその広告理論である。日本の広告業界から見ると異様なほど、自身の広告理論の優秀さを各社が競い合っている。そんなごくごく個人的な経験もあって、広告理論の知識だけは人一倍持ち合わせてしまっている。かつては隆盛を誇ったにもかかわらず、経営的な大人の事情などで今はあっさり捨てられてしまった論理もある。

広告実務をされている方は最新の手法を追うのを少し休んで、もっと基礎的かつ根源的な広告の論理を眺めてみられてはいかがだろうか。クリエイターには役立つと思うし、他の分野の方であっても知っておいて損はないだろう。「そんなの知ってるよ」という方もあらためて読むと新しい気付きがあるかもしれない。また、実務は担当していないけれど広告に興味がある方には、なかなか目にすることのない広告会社の中身を知るニッチな教養として楽しめるかと思う。それに、手法には流行り廃りはあるけれど、基礎的な理論はバリエーションこそあれ、どれだけ時代が変わっても広告が広告である限り不変でもある。

連載でも折に触れて語っていたりもする。関連した回を紹介しながら、広告表現理論の歴史と現在を紐解いていきたい。では、肩の力を抜いてしばしお付き合いを。

日本郵政のテレビCMが気持ち悪い

広告は約束である。

これはロマンティックなレトリックではなく、欧米の広告理論でもプロミスという概念として定義付けられる広告の原理だ。

例えば、洗剤広告で「驚きの白さへ」と書かれているとき、広告は驚きの白さで衣類が洗い上がることを顧客に約束している。

では「洗うたびに新品」と書かれていたらどうか。洗剤は、汚れは落とすが使い込んだ生地を新品に戻すことはできない。つまり約束できない約束をしていることになる。

これを広告理論では「オーバープロミス」と呼ぶ。オーバープロミスは広告表現の重要なチェック項目のひとつだ。その烙印を押された企画は、その時点でボツにされる。

日本郵政グループの新しいキャンペーンが始まった。数作品放送されているが、どのバージョンも郵便マークのアップリケ付きの赤いオーバーオールを着た青年が〝僕は郵便局が大好きです〟と言うシーンからスタートする。青年は郵便局の関係者ではなく郵便局好きの顧客であり、郵便局の女性局員に恋をしている。

その女性局員は杏奈という名前で、青年が加入した保険の担当者だ。青年が骨折した際、ギブスに〈早く退院して下さいね♡杏奈〉と書き添える。青年が郵便局を訪れた際には〈今年ももうすぐ誕生日ですね〉と声を掛け、青年の誕生会に出席するという。

その女性局員の傍らで働く男性局員もまた、彼女に好意を寄せている。青年にギブスの添え書きを自慢された際には対抗意識を燃やし、青年が彼女を誕生会に誘ったときも即座に〈僕も行きます〉と答える。

青年は、そのたびに〈出たなライバル〉と決め台詞を吐くのが、このシリーズのお決まりだ。

複雑な演出とファニーなキャラクターで構造が分かりにくくなってはいるが、その世界観の設定はかなり異様だ。

恋人のように顧客に接する郵便局の女性局員。そして、その接客に惑わされる顧客。同じく女性局員に好意を寄せていることを隠さない同僚の男性局員。その三者で日々繰り広げられる恋の駆け引き……。

こんな郵便局、どこにあんねん。あったら逆に大問題やがな。そもそも、こんなことを顧客から求められたら郵便局も局員も困るやろ。

つまり、描かれた世界が現状の郵便局のサービスと照らして考えて相当に「オーバープロミス」なのだ。以前から存在する、〈あなたの街の郵便局〉というコピーがイメージさせる親しみを現代的に表現したつもりなのだろう。だが、できもしない物語で表現することは顧客に嘘をついていることと同じだと思う。

僕はこのオーバープロミスCMに、日本郵政のトール・ホールディングス（HD）買収のお粗末な結果や、野村不動産HD買収表明と、その直後の断念という浅薄な行動と同根のものを感じる。

日本郵政グループは〝顧客に約束できることは何か〟を、今一度、自身に問い直したほうがいい。

「池本孝慈の新広告批評　これ、あかんヤツやろ。」（ZAITEN17年10月号）

Promise、Benefit、RTB

僕は広告制作会社に勤めているときは主に博報堂の制作局と仕事をしてきた。その際の仕事の進め方と、転職した外資系広告代理店の仕事の進め方には、天と地ほどの開きがあった。これは少し正確ではないかもしれない。正確には大型プロジェクトでは、といったところだろう。

ケースバイケースではあるが、日本の広告代理店の場合、営業やクリエイティブ・ディレクターが企業からオリエンテーションを受けた後、すぐに制作会社やフリーランスを含めて大勢のスタッフが集められる。で、やることはとにかくコピーでもビジュアルアイデアでも何でも、思いつくことを書く。で、紙に書いたコピーやビジュアルアイデアを会議室に貼りみんなで眺める。で、あれやこれやと話していく。ぼんやりとしていた課題が「これはないわ」と壁から剝がしていくことで見えてくる。例外はたくさんあるだろうけど、日本の場合は何も詰められていない段階から「アイデア会議」的な合議によって広告がつくられることが多い。

一方、欧米の広告代理店の場合は人が少ない。基本的にはコピーやアートの実務を担当するクリエイティブ・スタッフは、最初は会議に入れない。クリエイティブ・ディレクターとストラテジック・プランナー（戦略担当、日本ではマーケと言わたりもする）、アカウント・ディレクター（営業統括責任者）の三者で戦略を策定していく。ここで登場するのがブリーフィング（簡潔な状況説明）シート。これには広告代理店によって形式は若干異なるが、各社似たようなフォーマットがある。多くはA４の紙１枚である。このシートを埋めていく。

大きな項目は、Promise、Benefit、ＲＴＢの三つ。Promiseは、文字通り「約束」。企業やブランドが顧客にどのような約束をするのかが大まかに定義される。これにMission（使命）やVision（将来像）が加わる場合もある。Benefitは文字通りベネフィット、日本語で言えば「利益」。でもこれは日本でも消費者ベネフィットと言われることが多い。ちなみに、日本企業の日立製作所は消費者ベネフィットを伝統的に「受益」という独特な言葉で呼ぶ。そして、専門家以外はあまり知らない用語、ＲＴＢ。これはReason To Believeの略で、日本語で言うと「信じられる理由」となる。

連載で書いた例に倣ってブリーフィングシートを書いてみよう。Ａという名の洗濯用洗剤があるとする。Ａは通常の洗剤では落とせない頑固な汚れを落とし特に白い物に強い。Promiseは「Ａは毎日の生活で使うお気に入りの白い服を驚くような白さで洗い上げることで、あなたの毎日をいつも新しい気持ちにすることを約束します」となる。Benefitは「Ａを使うことで前向きな生き方を手に入れることができます」、ＲＴＢは「なぜなら、Ａは最新のバイオテクノロジーから生まれたＢ成分の配合により、従来製品より約30％汚れを落とす力が高いことが実験により実証されたからです」となる。これはブリーフィングシートをつくる人によって異なる。腕の見せ所である。ちなみに僕が考えたブリーフィングシートはクリエイティブに人の笑顔が出てくるようなエモーショナルなCMをつくるように誘導するものになる。

で、ブリーフィングシートが完成して、クリエイティブチームが呼ばれる。クリエイティブチームはブリーフィングシートの作成にも関わったクリエイティブ・ディレクター、コピーライター、アートディレクターの3人。ちなみに、あまり知られていないことかもしれないが、欧米の広告代理店にはCMプランナーは存在しない。日本独特の職種である。欧米では、新聞広告や雑誌広告などの平面広告同様、クリエイティブ・ディレクター、コピーライター、アートディレクターの3人でつくる。日本にある外資系広告代理店もほぼ同じ文化を持っている。

なんとなくお分かりいただけただろうか。とにかく欧米は理詰めなのだ。どちらの流儀も経験してきた僕は、どちらが優れているかは、じつは微妙なところだ。双方ともに邪魔くささがある。僕は、日本の流儀は「なんでこんなにありえない考えについても検討しなくちゃいけないんだ。時間の無駄」と思ったりもしたし、欧米の流儀は「最初から型にはめられたら逆にやりにくい」と思うような人間である。その都度、ケースバイケースで双方のいいとこ取りをしながら自分流でしのいできた。

欧米のストラテジック・プランナーやアカウント・ディレクターは「ブリーフィング（略してブリーフと呼ばれることが多い）は大事。ブリーフはクリエイターが自由な発想でクリエイティブを発揮できる砂場をつくることである。いい砂場でないと子どもは楽しく遊べない」と言ったりする。子ども扱いかよ、ふざけんな、と思ったりもしたことをよく覚えている。そして、実際の実務は原則がすべて守られるわけではなく、僕の実務経験同様、状況によりけりなのが実情だ。ともあれ、Promise、Benefit、RTBはどのようなやり方で広告をつくるにしても大いに参考になるのではないかと思う。

分かりにくいInsight

Insight（インサイト）という言葉をご存知だろうか。ホンダに同名の車があるが、そのインサイトではない。インサイトは広告ではごくごく基本的な用語ではあるが、インサイトをすっきり説明できる人はあまりいない。直訳すると「洞察」もしくは「洞察力」となる。消費者の深層心理の洞察と言われたりする。僕は人に説明する際には「消費者が持つ、まだ言葉にはなっていない願望」と言っている。これでも分かりにくいが。

実例で説明すると分かりやすいかと思う。古い事例ではあるが、現在でも最も分かりやすい典型例で、機会があるごとにこの事例で説明をしてきたので、特殊な洗剤で説明したいと思う。水洗いをすると色あせしたり縮んだりするのでクリーニングに出さなければいけない衣料がある。そうした衣料を家庭の洗濯機で洗える洗剤がある。代表的には花王の「エマール」とライオンの「アクロン」だ。この二つのブランドは機能がほぼ同じだが、発売時において、それぞれインサイトが違っていた。

どちらのCMも新商品のローンチ（＝市場導入、ローンチはRaunchingの略でロケットなどの「発射」の意）にはコピーが歌で表現されていたので、コマーシャルソングとして覚えておられる方もいるかと思うが、「エマール」は〈ホームクリーニング、エマール〉で、「アクロン」は〈アクロンなら毛糸洗いに自信が持てます〉だった。

「エマール」のインサイトはこうだ。「毛糸のセーターとか、クリーニングに出さなきゃいけないからお金もかかるし面倒だわ。おうちでクリーニングできたらいいのに」となる。一方の「アクロン」は「毛糸のセーター洗いはいつも失敗してしまう。大切なセーターを色あせとか縮みとかで台無しにしてしまって、私ってサイテーだわ。もう自信が持てない」である。このインサイトに基づいて、それぞれのCMが制作された。まあ、実際にこのように明文化されたかは分からないし、インサイトの抽出を意識してプランニングされたかどうかも分からないが、こういう消費者の隠された願望というか、本音を専門用語ではインサイトという。そして、この二つのブランドが発見したそれぞれ異なるインサイトは、それぞれが正解で、相乗効果で大きな市場をつくり上げた。加えて言うと、花王、ライオン両社の優れたインサイト発見による市場の形成で、現在はそのインサイトの役割を終え、香りなどの付加価値競争に入っている。

インサイトが何かについて、体感的にお分かりいただけただろうか。個人的にはこの例は分かりやすいと思うのだが、どうだろう。

インサイトにも質が問われる

日立は、前述の通り「受益」つまりベネフィットを重視した広告制作で知られてきたが、その一方で、効果的にインサイトを活用してきた会社でもある。日立の冷蔵庫の広告に〈よく使うから、野菜がまん中。〉というコピーがあった。この広告のインサイトは少し複雑だ。ベネフィットは「通常は下にある野菜室をまん中に設置。だから、面倒だった野菜の出し入れが楽になります」だ。しかし、このコピーのインサイトは違う。

インサイトは「野菜中心の健康的な生活を送りたい」となる。実際の生活で野菜をよく使うかどうかはともかく、コピーで〈よく使う〉と言い切ることで、消費者のヘルシー志向の生活願望にリーチする。この冷蔵庫を買うと、これからは野菜中心の健康的な生活が送れるような気にさせてくれる。じつに巧みなインサイトの活用だと思う。

実際にこの冷蔵庫は大ヒットした。しかし、ヒットは長くは続かなかった。なぜか分かるだろうか。消費者の多くは、実際には野菜中心の健康的な生活は送っていないからだ。これは、未来への願望であり、ベネフィットである野菜の出し入れの面倒さを解決するというものが、現実の課題ではなかったからだ。理想の生活をすれば野菜の出し入れが面倒になる。だから野菜室をまん中にした。しかし、そんな理想の生活は現実には少なかった。現在の冷蔵庫はよく使う冷凍食品が取り出しやすいように冷凍室がまん中に配置されている。ここがインサイトの奥深いところだ。

前章で触れたアイフルのチワワCMのインサイトを考えてみたい。コピーは〈どうする？ アイフル〉で、ストーリーはペットショップで子犬が見つめてきてどうしてもその子犬を飼いたくなるという心情を描いている。インサイトは「欲しいものはお金を借りてでもやっぱり欲しいよね」となる。欲しいものがある。欲しい。お金がない。どうする？ そうだ、アイフルがあるじゃないか。そんな流れだ。こうして考えれば、アイフルのチワワCMの社会性の欠如がよく分かるだろう。たとえそれが建前であったとしても、公共性が問われる場では「お金がなければ貯めてから買え」と言うのが健全な社会だと思う。

インサイトと広告規制

消費者金融の広告に関しては、アイフルの〈どうする？ アイフル〉以来、「困ったら悩まずに気楽にお金を借りましょう」といった消費者金融という生業にとっては本音であり、かつ、社会にとっては身も蓋もなく、健全な社会にとって害悪でしかないメッセージは見られなくなってきた。現在のアイフルのような、ブランドのマインドシェアを高め、消費者金融の利用を考えた際に、自社ブランドが消費者の第一起想となるようにすることが目的の広告がメイン（この場合、目標は好感度を上げることとなり、ナンセンスな面白さを追求するようになりがちである）で、比較的信用が担保されているとされている銀行ブランドを冠したカードローンでも、審査の速さや利用の手軽さ等のスペック訴求がほとんどである。

なぜ、この「困ったら悩まず気軽にお金を借りましょう」という本音のメッセージ、消費者側から見れば「困ったら悩まずお金を借りればいいじゃない」というインサイトを突く広告が見られなくなったのだろうか。広告規制があったからだろうか。答えは否である。

「困ったら悩まずお金を借りればいいじゃない」というインサイトを禁止する規制はない。あえて言えば業界の自主規制ではあるが、団体の内規としてもこのような項目は僕が調べた範囲では見当たらない。明文化はされていないが、このようなあからさまな広告を消費者金融がしないことが、アイフル問題をはじめとする様々な軋轢を経た、現在の社会と消費者金融業界との暗黙の合意であると言ってもいいだろう。自由経済という前提において、政府の規制が入ることは最後の手段である。良し悪しはともかく、他の言論よりも厳しく社会性が問われる広告表現は、実際は明文化された政府の規制や業界団体の内規ではなく、社会との関係において曖昧な形で決定されることが多い。そのため、インサイトが社会的に許されるかどうかは、論者の思想的な背景によって変わるだろうと思う。一般的にリベラリズムは自由に公共性や公平性を問うが、リバタリアン（自由至上主義者）的な傾向を持つ論者であれば、どのような身も蓋もないインサイトで広告をつくろうが、それが直接的に財産権の侵害をしていなければ基本的には自由であり、最終的には消費者に受け入れられるかどうかで決まる。逆に嫌なら見なければいいと言うかもしれない。こうした自由を拡張していく態度は中間的な〝落とし所〟というグラデーションを排除してしまうため、逆説的であるが、厳しい法律規制を促進してしまうことも付け加えておきたい。

ＰＣデポ　高齢者の恐怖心を煽る「フィア・アピール」

フィア・アピール＝恐怖訴求は見る人に恐怖や不安心を与え、その解決として商品を薦める広告手法だ。生命保険、化粧品、健康食品等の分野でよく使われている。同時に社会問題になった詐欺商法で必ず使われる手法でもある。

歴史的には高度経済成長が終焉した１９７０年代に心理学の応用により広告手法として確立した。50～60年代の生命保険の広告では〈あなたの御家庭の安心と幸福に〉といったベネフィット（利便）訴求が一般的だったが、70年代に入って死や事故に対する恐怖を暗示的に描く広告が出現し始めた。

うなだれる男性の後ろ姿に〈彼は世間に顔向けが出来ません。あの時、雨さえ降らなかったら〉

というナレーションが重なり〈せめてもの償いが保険です〉と締めくくられる。日本損害保険協会（70年）は、広告が幸せを描くものだというこれまでの常識を一変させた。

ボクサーの格好をしたゼンマイ式の猿の人形が〈アイ・アム・ア・チャンピオン〉と叫びながらパンチを繰り出し、やがて力尽きてしまうその様子を定点カメラで淡々と映し出す明治生命のＣＭ（75年）は、カンヌ国際広告賞を受賞した。

現在の成熟した市場では、商品の優位性を訴求する差別化戦略が有効なケースが多く、フィア・アピールは減少傾向だ。さらに、過度な恐怖は心理的な防衛機制としての自発的忘却が働き、広告効果が低くなることが研究で明らかになっている。

しかし、今でもフィア・アピールは多くの広告で、かつてとは異なる姿で採用されている。収入補償保険のＣＭでは人気女優が〈病気やケガで働けなくなった。誰が毎月の収入を守ってくれますか〉と若者たちに語っている。これは一例に過ぎない。

商品知識の少ない若者や高齢者をターゲットにして、タレントの起用などで、きつい内容をやわらかく見せる。それが現代流のフィア・アピールの特徴だ。

最近話題になったものではＰＣデポ騒動が記憶に新しい。タブレット端末の高額なリース契約を高齢者に行ったとして騒動になった。ＰＣデポはシニア向け保守点検、アフターサービス、電子雑誌契約、付随サービスをパックにしたリース契約をビジネスモデルにして急成長を遂げた。

フィア・アピールが使われたのは来店を目的にした広告。スマホやタブレットで単なるソフトウエア・アップデートの「お知らせ」に過ぎないアイコンをビジュアルに〈このような画面出ていませんか。このままのご利用は危険な場合があります。今すぐご相談ください。〉という言葉が添えられたシンプルなもの。ITの知識が乏しい高齢者はこの広告に好感を抱いただろうが、その内実は「危険」を煽るフィア・アピールだった。しかも、そこで語られる「危険」は存在しない作り事。やさしさの衣をまとった嘘の恐怖を煽る。やってはいけない広告だった。

消費者側の自衛としては、フィア・アピールを積極的に使う企業はまず疑え、さらには、訴求されている恐怖に嘘がないかを見抜け、と言えるが、非常に見抜きにくく、消費者にそこまでのリテラシーを求めるのは酷だ。

広告技術の向上により生まれたフィア・アピールは、多くの商品の意義を世に示してきた。その功だけでなく罪についても自覚的であることが、この広告手法を使う企業側の責任だ。

「ZAITEN REPORT」(17年6月号)

古典的な広告表現手法

フィア・アピールの他にも、現在も使われる古典的な広告表現手法についていくつか紹介しておこう。最も代表的なものはプロブレム・ソリューションだろう。文字通り、問題の提示・解決である。「頭が痛くてせっかくの彼とのデートが楽しめないわ。そんなあなたにA頭痛薬。胃に優しくてよく効くから、突然の痛みにも安心です。痛みにさよなら。ありがとう、A頭痛薬。私の強い味方ね」という感じ。これは、いかにも広告という感じがするのでは。あと、よくあるのはマザー・アンド・ドーター。母から娘へ。「どうしたの。今日はデートだと言ってたのに浮かない顔して。始まっちゃったの？　そんなときにはこれ。お母さんが若い頃もずいぶん助けられたものよ。頭痛、生理痛にA。ありがとう、お母さん」という感じだ。テスティモニアルは推奨という意味。「映画の撮影ではいつも平常心でいなくちゃいけないですからね。空腹時でも大丈夫なA頭痛薬は助かってます。ええ、いつでも飲めるから安心ですね。本番行きます。はい。胃に優しい頭痛薬、A」みたいなことになる。まあ、今どきこんな典型的な広告はないとは思うが、手法に忠実に例を示せばこうなる。あとは組み合わせと応用。

広告の表現手法については映画や小説など、他の表現分野からの援用が多くある。コピーで言えば、広告のそれはすべて修辞学、つまりレトリックに集約されるし、映像については演出レベルまでを含めると映画を学ぶほうがよほど有意義だと思う。また、1960〜70年代の広告には、様々な広告手法が無垢で典型的な形で表現されている。インターネットによって過去の作品へのアクセスが容易になった。広告手法に焦点を当てて眺めてみてはいかがだろうか。

60年代のアメリカの広告については、コピーライターの故・西尾忠久氏が過去に米広告業界を取材し、広告事例を紹介した膨大な文章が『創造と環境』というサイトにアーカイブされている。

過去の広告関連書が絶版となり入手が困難になる中、気軽に閲覧できる第一級の資料だ。西尾氏の功績と関係者の労に感謝しつつ、ぜひ読み込んでみて欲しい。最新事例にはない示唆がそこにあるはずだ。

ロートレックから始まった欧米の広告

ここで趣向を変えて広告の簡単な歴史について触れておこう。

広告の起源については古代バビロニアであるとか、古代エジプトにおいて今で言うチラシの原型のようなものが発見されたとか、諸説あると思うが、西洋近代広告の起源という意味で重要な人物はロートレックだろう。広告がまだ産業化されていない頃、19世紀後半のパリに生きた画家である。フルネームは、アンリ・ド・トゥールーズ＝ロートレック（1864〜1901年）。ファッショナブルな画風で、今でも画集が売れ続けているほどの人気があるからご存知の方も多いだろう。ロートレックは子どもの頃から体が不自由だった。そういう事情もあってか、彼はパリの街で差別されながらも懸命に生きる娼婦や踊り子たちに共感し、その生の輝きを描き続けた。

彼自身は酒と女にまみれた生活を送っていたようだ。伝記を読むと、その繊細で優美な画風からは想像できないほどの破天荒ぶりだった。当時は社会的には退廃的でありつつ、技巧としては耽美的であるというデカダンスという芸術思想が流行。彼の生い立ちや自身の障がい、持って生まれた性格の部分も影響はしたようだが、彼も同時代を生きた他の芸術家同様、そのデカダンスという思想に影響を受けていたのかもしれない。人は時代からは逃れられない存在だから。

やがて、彼は入り浸っていた酒場や劇場から頼まれて広告ポスターを描くようになる。その美しい一枚の絵はパリ中の評判を呼んだ。独特のタッチで描かれたイラストとお店の名前や上演される演目が記された手書きのタイポグラフィー。単なる美術作品としての絵画とは異なる美がそこにはあった。

絵画と異なる美とは何か。それは広告という目的が明確なメッセージだろう。絵画と広告ポスターを隔てるものは、そこに言葉が添えられているかどうかだ。酒場や劇場といった発信元とその思いが明確なメッセージと言えるかもしれない。描かれているのは店名や演目だけだ。しかし、その情報がロートレックの感性がつくり出した美と出会い拮抗するとき、それは強いメッセージになる。僕は、ここに近代広告、とりわけ西洋の近代広告の起源を見るのだ。

極限まで概念を切り詰めると、広告は絵と言葉でできている。絵のないラジオCMでさえ、よく聴き込めば情報とは別のエモーションが想起される工夫が凝らされていることに気づく。広い意味でエモーションは比喩的に絵と言ってもいいだろう。ロートレックは、高度化し複雑化する広告において見えにくくなっている広告の本質、広告のプリミティブな姿を１２０年後の現代を生きる私たちに指し示してくれる。

20世紀に入って広告は産業になった。ベルトコンベアによる大量生産を実現したT型フォードが切り開いた大量消費時代が広告を必要としたのだ。ここから現代につながる産業としての広告が始まる。

今、経済的な文脈で最先端の街と言えばどこだろうか。少し前なら金融の街、ウォール・ストリートと答えただろう。今だとIT企業が集積するシリコンバレーだろうか。それとも、赤いシリコンバレーと呼ばれる中国の深圳だろうか。1960年代となると答えは違ってくる。当時の大学生に聞けばたぶんマディソン・アベニューと答えるだろう。

マディソン・アベニューはニューヨーク市マンハッタン区にある通りの名前だ。近くには有名な公共公園、マディソン・スクエアがある。この通りにはヤング・アンド・ルビカム、DDBをはじめとする名だたる広告会社のオフィスが軒を連ねていた。この頃、時代の花形産業は金融でもITでもなく広告だったのだ。グローバル資本主義を金融が、情報化社会をITが牽引したように、今日も続く大量消費社会は、まさに広告が牽引してきたと言えるだろう。

ロートレックが生きた時代、広告は絵かきの余興だった。それが世界の超一等地にビルを構える広告代理店が請け負うようになった。大量に登場する新製品に対応するために、広告も大量につくられるようになったのだ。広告は誰がつくるのか。もうこの時代になると、広告代理店という企業に雇われた会社員になる。

ロートレックが示した広告の要件は絵と言葉だった。それに呼応するように広告代理店に絵の専門職であるアートディレクター、言葉の専門職であるコピーライターが誕生する。ちなみに絵の専門職をデザイナーではなくアートディレクターと呼ぶのには訳がある。ディレクターと名付けられているからコピーライターよりも上位のように思われがちだが、絵の場合は写真やイラスト、印刷など様々な工程や素材が絡んでくる。その複数の要素を統括するという職能からディレクターの名が付いた。基本的にはアートディレクターとコピーライターは対等な関係。広告はまずこの2人がセットになってつくられるようになった。

広告制作が牧歌的だった黎明期にはそれでよかった。しかし、やがて広告は巨大なビジネスになっていく。広告一つで大企業の明暗を分かつようになるに連れて「これつくったやつ誰だ。責任者出てこい」みたいなことも頻繁に起こるようになる。それに人間の業として2人は揉めるということもあったのだろう。アートディレクターもコピーライターも、あえて言ってしまえば「本当は絵描きになりたかった」とか「今でも小説家になる夢はあきらめていない」とか、今も昔も屈折したややこしい自意識を持っている連中である。「俺はこうしたい」「いや、そうじゃない。こうすべきだ」と対立することも常。それに、2人だとつるんで怠けるということもあったのだろう。お坊さんの托鉢や修行でも基本は3人である。2人だとサボる。4人だと2人と2人に分かれる、みたいなことが理由だろう。

で、アートディレクターとコピーライターの上位にクリエイティブ・ディレクターという職能を置くことになった。大概はアートディレクターもしくはコピーライターを経験したベテランがクリエイティブ・ディレクターになる。

余談だが、僕よりひと回り上の世代、特にコピーライター出身の方々は、クリエイティブ・ディレクターという肩書よりコピーライターという肩書にこだわりを持っていることがよくある。文化人的な活動をする際にもコピーライターと名乗ることが多いようだ。それは欧米で誕生したクリエイティブ・ディレクターという職能が日本の広告業界に輸入されるのが少しばかり遅れてしまったからだろう。

それは多分に日本の特殊事情も関係する。日本の広告制作の担い手、もっと言えば、花形はフリーランスだった時代が長く続いたのだ。欧米では広告代理店は文字通り広告の制作を請け負う会社だった。一方で日本の場合、電通や博報堂がそうであるように、多くは通信社をルーツにしている。それに追随して新聞社や駅貼り広告や中吊り広告を売る鉄道会社などの媒体社も広告業界に参入する。語弊はあるが、経営構造としてはどうしても広告制作はサービスに近い位置づけになる。欧米の広告制作のシステムの輸入が遅れたのは、そのあたりの事情もあるのだろう。

商品としての欧米広告理論

　ロートレックを起源とする西洋近代広告の核は表現だった。欧米の広告代理店は独自で開発した広告表現の理論を競い合うようになる。つまり、広告理論こそが欧米の広告代理店にとって商品だったのだ。

　フォルクスワーゲンの一連のキャンペーンで一世風靡したアメリカのＤＤＢはメッセージを表現するために、絵と言葉を極限まで切り詰めた広告表現を得意としていた。例えばワーゲンの品質をアピールするために、その厳密な品質管理を伝える広告のビジュアルは、正面を向いた新品のワーゲン。コピーは〈Lemon.〉だ。Lemonは英語で不良品を示すスラングとしても用いられている。小型車の魅力を伝えるために用いられたビジュアルは、大きな紙面に小さくレイアウトされたフォルクスワーゲン。コピーは〈Think small.〉。この一連の広告制作の流儀を突き詰めたものはノン・グラフィックだった。ＤＤＢはストレートなメッセージを正確に強く誤解なく意味が揺れることなく消費者に伝えるためにはビジュアルは邪魔になるとアピールした。アメリカでは暫くの間、コピーだけが掲載されたシンプルな広告が流行することになる。

　イギリスのサーチ＆サーチが提唱した広告理論は、ＳＭＰ＝Single Minded Propotionだ。広告が提言すべきたった一つの究極のメッセージという意味合いを持つ。イギリスは長らく労働党が政権を担っていた。政権交代を目指す保守党はサーチ＆サーチに広告を依頼する。出来上がった広告は職業安定所に列をなして並ぶ労働者に〈Labour isn't Working.〉。日本語で言えば「労働者（労働党をも意味する）は働いていない」である。これさえ言えばいいというメッセージを突き詰める。それがＳＭＰだ。イギリスでは厳しいタバコ広告規制があった。表現の自由と関係する規制でもあるので、政府は「タバコの広告をつくってもよいが、広告にはブランド名とパッケージは出してはいけない」という事実上、タバコの広告は一切禁止であるとも言える規制を打ち出す。それに対抗するためにサーチ＆サーチが考えたのが大きなポスターに、糸巻きから伸びるシルク糸がプチンと切れているビジュアルだけという、一見すると何を言っているかが分からない広告だった。イギリスには「Silkcut」というタバコの人気ブランドがある。サーチ＆サーチが提案したＳＭＰは〈Cut silk〉だった。

このＳＭＰに似た広告理論にアメリカのベイツが提唱するＵＳＰ＝Unique Selling Propotionがある。これは、今もよく知られる広告理論だろう。単純に言えば「独自の売りの提案」となるだろう。このＵＳＰ理論を有名にしたのが「M&M'sチョコレート」の〈お口で溶けて手で溶けない〉だ。これは日本でも有名なフレーズだろう。また、M&M'sチョコレートはキャラクター広告の先駆的存在でもある。

他にもアディダスの斬新な広告で知られたＴＢＷＡのDisruption（常識の破壊）や、ハーゲンダッツアイスクリームの成功例で知られるＪ・ＷトンプソンのReaction（消費者の反応を想定して広告をつくる理論、例えばハーゲンダッツなら「愛し合う二人の間にいつもハーゲンダッツ」になる。今は「私の贅沢なひとときにいつもハーゲンダッツ」になっている）など、様々な広告理論でしのぎを削ってきた。

ただ、背に腹はかえられないのか、その多くは廃棄されたか、もしくは今はそれほど厳格に守られていないのが現状だ。様々なミッションにフレキシブルに対応していくには使い勝手が悪いのだろう。ただ、会社の伝統として今も色濃く残っている。

平賀源内をルーツにしたがる日本の広告界

一方で日本の広告の起源は何だろうか。多くの人が挙げるのは平賀源内（1728〜80年）だろう。エピソードは決まって「土用の丑の日」だ。博報堂の研究組織「博報堂行動デザイン研究所」では平賀源内を行動デザイナーとして定義しなおして「土用の丑プロジェクト」なるものを立ち上げる熱の入れぶりだ。

平賀源内は江戸時代中期に活躍した蘭学者で、博学で多才なことで知られる。この「土用の丑の日」に鰻を食べるという今も続く風習は文献が発見されているわけではなく諸説あるが、平賀源内が考案して広めたとされる。一般に流布している説は「ある鰻屋が夏に鰻を売るためにどうしたらいいか平賀源内に相談したら〝本日、土用の丑の日〟と書かれた紙を一枚差し出した。鰻屋はその紙を店頭に貼ると、店には客があふれるようになった。それを他の鰻屋もこぞって真似し、土用の丑の日に鰻を食べる風習が広まっていった」というものだ。

このエピソードによって平賀源内を日本の広告の起源、あるいは世界初のコピーライターと誇らしげに語られるようになっていった。ここに日本の広告についての考え方の特徴が現れているような気がしてならない。そして、欧米と日本の広告概念の違いを象徴しているように思える。

ロートレックの広告ポスターは紛れもなく表現である。酒場の賑わいや劇場で行われる演目の素晴らしさをいかに表現するか。その媒介としてロートレックの感性がある。それはもともと魅力があるコンテンツを表現によっていかに伝えていくかに焦点が当てられていく。一方、平賀源内の「土用の丑の日」は、良く言えばゼロから価値をつくり出すアイデア、悪く言えば、ハッタリである。土用の丑の日に鰻を食べることの根拠は何もない。夏場に鰻が売れないのは、夏に脂っぽいものが嫌われることと、素材そのものが旬ではないことも多少は影響しているだろう。それを根拠がない「土用の丑の日」という言葉の〝発明〟ひとつで変えてしまう。まるで呪術のように。

博報堂行動デザイン研究所「土用の丑の日プロジェクト」では、〈非需要期であった夏場に新しい需要をつくり出すのは並大抵のことではありません〉と行動デザイナーとしての平賀源内を最大限評価しつつ〈平賀源内は元祖「行動デザイナー」だったといえます。ただその行動デザインが効きすぎて、ある一日に需要が一極集中してしまっていることは、持続的な資源保護という観点からもあまり健全とはいえない〉とその弊害を釈明しながら〈行動デザイン研究所でも年4回の土用の丑の日を未来に伝え、消費行動活性化に結びつけるべく「土用の丑の日プロジェクト」を研究所の自主取り組みとして〉この「土用の丑の日」をフリー素材としてポスター画像を配布するなど、牛肉や他の食材にまで広げる活動をしている。つまり、根拠のない「土用の丑の日」を現代に蘇らせ、拡大し、擬似的に祝祭的な高揚感をつくり出し消費者の行動に熱狂を与えようとしている。

もちろん広告の手法の中のごく一部の分野に焦点を当てて専門的に研究しているだけだろう。しかし、この研究が日本の広告業界全体の空気を象徴しているように僕には思える。

記号論的なのだ。フランスの哲学者・批評家ロラン・バルトは東京を指して「表徴の帝国」「記号の国」と呼び、東京の真ん中に皇居という空集合が存在していることに着目した。一方、バルトは西欧はすべてを「意味」が支配すると言った。ニュー・アカデミズム的な言葉遊びだと思うが、一方で、そういう知的な言葉遊びを誘惑する意味のなさが「土用の丑の日」にはある。

バブル全盛の頃、意味から開放された自由さが肯定的に語られたが、今は、特にオウム事件、そして何よりも東日本大震災の後、その限界と危険が露呈し始めているようにも感じる。「不思議の国の広告」と肯定してばかりはいられないと僕は考えている。

電通株主総会が映す「世界の非常識」

日本の広告市場の約3割は電通が扱っている。小規模案件が多いネットやその他媒体ではシェアは15％前後ではあるが、テレビに関しては35％を超える。つまり、20本流れるテレビCMのうち約7本が電通の扱いである。

3月28日、電通の定時株主総会が開催された。大きな議案としては持ち株会社である電通グループへの移行であった。

日本の広告業界にどのような問題や課題があるのかを知りたければ電通の株主総会に注目すればいい。圧倒的なシェアを持つ電通の動向は、ほぼ日本の広告の動向だからだ。

しかし、今回は本題とは別の部分で気になることがあった。開催前の待ち時間に電通制作のCMが会場の大きなディスプレーに流れるのだが、そのCMの選び方と進行がとても興味深いものだった。

クライアントに優劣をつけない配慮からか、業種ごとにまとめて流されていた。携帯電話では、ソフトバンク、au、ドコモといった具合だ。

ここまで読んで違和感はないだろうか。残念ながら日本ではもうないのかもしれない。

グローバル・スタンダードでは、広告会社は一業種一社制が原則である。広告業務は機密情報を扱う。それに、業務として請け負う広告戦略の策定プロセスも、絶対に同業他社に知られてはならないものである。

これが日本の広告業界ではほとんど守られてこなかった。

理由は簡単で、一業種一社制を守れば業界が成り立たないからだ。厳しい言い方をすれば、業界の存続のために企業としてのモラルを捨て続けているのが日本の広告業界の現状である。

これは電通だけではなく、博報堂やＡＤＫも同じだ。中堅では不動産専門、教育機関専門を謳う会社も普通にある。

高度な専門性を持つメディカル系では競合薬は請け負わないなどの不文律が存在するが、もはや電通や博報堂などの総合広告会社にはそのような意識も希薄になってきているのだろう。

同業のＣＭを連続で株主に見せるくらいだから、もはやそんな常識は頭の片隅にもないのかと思うとそうでもなく、新型車の発売では制作チームがホテルに缶詰にされるような機密プロジェクトが多い自動車業界では、自動車のＣＭは避け、ホンダはホンダジェット、トヨタはトヨタカズーレーシングのＣＭを選んでいた。やっぱり気にしているんじゃない。

現実問題として一業種一社制を今すぐ導入せよと言ったところで無理だろうと思う。実際は大手広告会社はどこもクライアントチームごとビルやフロアを変える等の配慮はしている。

でも、「どうせ無理でしょ。それで回っているのだからそのままでいいじゃん。理想を語っても飯は食えないよ」と開き直るのは良くないと思う。

一業種一社制は日本では最大手広告会社の株主総会でも質問が出ないような忘れられた存在では

ある。しかし、だからといって時代に合わない過去の遺物では決してない。広告会社にとっては大切な倫理規定ではあるが、今もって、日本の広告業界がただ守れないだけだ。

電通は、〈Good Innovation〉をスローガンとして掲げている。その言葉を自身や業界にも向けて欲しいと願う。

「池本孝慈の超広告批評」ZAITEN 19年6月号

電通＝Google説

欧米の広告業界がグローバル・スタンダードだとすれば、日本の広告業界はかなり異端である。連載でも触れたように、電通も博報堂もADKも、というか日本で営業する外資系広告代理店以外のほぼすべての広告会社は一業種一社の原則を守っているところはない。これは僕がこの業界に入るずっと前から日本の広告業界の近代化にとって重要な課題と言われ続けていた。だが、今なお一向に改善されることはない。

欧米の広告会社が広告理論を競う背景には、広告業界の健全な競争市場がある。競合企業は広告会社とタッグを組んで市場競争を戦うわけだから、そのタッグを組んだパートナーがライバル企業の広告に関わっていることなど考えられるわけがない。しかし、日本は違う。広告を大量に出稿する大手企業の中には、上位ランキング5社の大手に自身の外注政策に沿った割合で仕事を配分している企業もある。定期的に関わっている全広告代理店のスタッフを集めて親睦を深めるためにゴルフコンペを開催したりもしている。

企業の中には、広告戦略を担うパートナーを一社に絞る流れもあることにはある。古くは、日産が博報堂を責任代理店として選択し、業界の大きなニュースになったこともある。現在も日産はグローバルをTBWA／HAKUHODO、主に販売促進に関わる国内広告を博報堂に任せている。しかし、広告代理店側はその流れに乗ることはなく、今も複数の競合企業を同時に抱えている。

なぜそうなってしまうのか。欧米の広告業界の成り立ちから考えると理解できないが、現在のネット広告市場の覇者であるGoogleを補助線として置くと、とりあえず現状が良いか悪いかはともかくとして理解はできるようになるだろう。

電通は、日本広告社として1901年に光永星郎によって設立される。光永はすぐに通信社を創業し、日本広告社は日本電報通信社と社名を変える。これが現在の社名、電通の由来である。通信社は報道機関や民間企業がつくる情報を収集し配信するのが仕事である。ここに一業種一社という概念は存在しない。満州において新聞聯合社と日本電報通信社の通信網を統合した満州国通信社という国策会社が創立されるも、満州国通信社は同盟通信社に譲渡され、日本電報通信社は広告専業となる。ここから、広告会社である電通が始まる。

戦後の日本で電通が果たした役割は何だろうか。それは、欧米のように一企業の広告を担い、その企業を市場での成功に導くといったものではない。少なくとも歴史を俯瞰で見ると、電通は日本の広告市場をつくり育てるために尽力するというイメージで語られるだろう。戦後に始まった民間放送は、その貢献度において電通なしでは語ることはできない。大きな国家的事業においても、そのほとんどが、電通が幹事的な役割を担っている。広告市場をつくり、整備、拡大し、広告枠の販売システムを開発し、日本の広告業界を発展させていくことが電通の仕事だったと言っても過言ではない。

それは、ネットにおけるGoogleの果たした役割に限りなく近い。Googleは自身で検索エンジンをつくり検索連動型広告を発明した。世界的にはテレビメディアの広告費を抜き、トップシェアを誇るネット広告市場はGoogleがつくったといっても言い過ぎではないだろう。そして、Googleもまた、そのネット検索とそれに付随する広告サービスの提供という業態から、当然ではあるが、一業種一社という概念とは無縁だ。

ただ、時代が変わり、広告市場が成熟した今、電通は広告市場全体のインフラ整備を担うと同時に、企業の戦略を担う広告会社、しかも日本でほぼ独占に近く、世界でも有数の広告会社でもあるという自己矛盾が大きく立ちはだかる。僕は、広告業界の中心にいる有力者ではないから、これからもグローバル・スタンダードから遠く離れた商習慣でやっていけるのか、それともどこかのタイミングでビッグバンが起こり、グローバル・スタンダードに収斂していくのかは分からない。ただ言えることは、ガラパコスな商習慣が起因する問題点は確実に存在し、将来のどこかで広告業界の発展を阻害する決定的な要因となるかもしれない。今後の動向を見守るしかない。

外国人は理解不能「広告電通賞」はやめてしまえば？

広告電通賞が発表された。

最も優れた広告主に贈られる総合広告電通賞は大塚製薬。前回に続き2年連続の受賞となった。広告代理店は博報堂が担当。同社はポカリスエットでテレビ広告電通賞にも輝いている。と、ここまで何の疑問も浮かばなかった方は、日本の広告業界に長年携わるベテラン広告人だろう。

外資系広告代理店に勤めていたとき、欧米から日本に来たクリエイティブ・ディレクターによくこんな質問を投げかけられた。「あの広告電通賞って何だい？　なぜ、日本の広告代理店やクライアントは電通の社内賞みたいな賞を欲しがるんだ？　日本の広告業界、ワケがわからないよ」。

広告電通賞は１９３０年に同社の創立30周年記念事業として始まった新聞広告奨励賞が前身。第2次世界大戦による中断を経て、戦後まもなくの47年に現在の名称で再始動した。今年（２０１７

年）で第70回を迎える日本最大の総合広告賞だ。

電通の名を冠する広告賞ではあるが、今回の受賞のように博報堂を担当広告代理店とする広告主も応募できる。審査員は広告主、媒体社、クリエイター、有識者などから選ばれ、部門ごとにチームを編成。その数は総計５００名にも及ぶ。

自ら「広告主のための広告賞」と称するように、審査委員長は広告主から選ばれるのが通例だ。賞としての公平中立を維持するために、運営は厳密には電通ではなく、公的機関である広告電通賞審議会となっている。

日本の広告業界の成り立ちや業界の構図をよく知る僕たちは、この説明で概ね理解はできるだろう。

しかし、「ワケがわからない」とつぶやいた欧米のクリエイティブ・ディレクターは納得しないと思う。「だったら、わざわざ電通という名前をつける必要がないじゃない。やっぱりおかしいと思うんだけど」。

広告代理店の名を冠した広告賞は世界的には例がない。あえて言えばサーチ＆サーチ主催のニューディレクターズ・ショーケースだが、それもカンヌで開催されるセミナーに過ぎない。

日本の広告業界における電通の貢献は疑うべくもない。新聞、ラジオ、テレビといったマスメディアの整備から、視聴率調査といった媒体価格指標に至るまで、日本の広告業界の半分以上は電通がつくり上げたといっても過言ではない。

業界の絶対盟主がパターナリズムを発揮し、自らの名を冠した広告賞をつくり業界全体を盛り上げていく。

しかしこのところ、過労死問題やネット広告の不正請求など、日本の広告業界独特の慣習を起因とする不祥事が相次いでいる。

その貢献の歴史的意義は十分に認めつつ、これまでの日本的なやり方がこれからも通用するとは限らないということを残酷に示しているのが、昨今の混乱のように思えてならない。

今、広告業界に求められているのは、誰もが納得する〝フェアネス〟だ。

電通の社員手帖から鬼十則が消えたように、広告電通賞もその根本から見直す時期に来ていると思う。


「池本孝慈の新広告批評　これ、あかんヤツやろ。」（ZAITEN 17年8月号）

フェアネスが足りない

僕が広告業界や、広告業界と関連する放送業界に感じるものはフェアネスの欠如だ。広告業界でも一業種一社制がそんなものは初めからなかったかのように無視され、あれだけ報酬体系もコミッション制からフィー制へと叫ばれたにもかかわらず業界全体では進むことはなかった。

放送業界に目を移すと、日本は民間放送が中心のアメリカ型と公共放送が中心のイギリス型のいいとこ取りをしたハイブリッド型のままに、これから進む方向性は曖昧なままだ。メディアが多様化したことで米英では撤廃されたフェアネスドクトリン（政治的公平性の確保）はまだ残されている。この公平原則は、一見、フェアネスを制度として確保しているように見えるが、逆だ。公平原則という型枠をはめられなければ業界内部の報道人それぞれの倫理と矜持ではフェアネスを保てないということだ。5Gの時代に公共の電波の有効活用に資する電波オークションが放送業界の強い反対で一向に進まないことも多くの人の知るところだろう。

昔、ビートたけしは「赤信号、みんなで渡れば怖くない」と言った。もちろんお笑いだから、日本社会が持つ病理を、皮肉を込めて表現しているのだろうと思う。それでも、やはり思う。赤信号をみんなで渡って平気な顔をしているのは、相当に怖い社会なのではないだろうか。

日清食品の広告がダメになった理由

連続テレビ小説『まんぷく』（NHK）最終話で大阪の歩行者天国で即席カップ麺「まんぷくヌードル」が販売される様子が描かれた。しかし、同作のモデルとなった日清食品のカップヌードルは、当時は東京地区限定販売で、歩行者天国での販売は実際には銀座で行われた。

当時、日清食品の広告を一手に手掛けていた広告代理店は大阪に本社があった萬年社（1999

年倒産）。1890年創業の萬年社は日本最古の代理店で戦前までは最大手であり、大阪では「萬年、電通、博報堂」と称された。

日清食品の創業者、安藤百福は萬年社社長に〈十分な対応をしてくれないと、東京エリアの扱いは他の代理店に移さざるを得ない。東京支店対応をしっかりやってくれ〉とはっぱをかけたという。

1971年7月に銀座の歩行者天国に面した三越に1号店を出店したマクドナルドにヒントを得て、日清食品はカップヌードルの歩行者天国での販売を思いつく。萬年社の社員が銀座歩行者天国でのカップヌードル試食のアイデアを出し、同年11月実施。これが大成功を収めたのは周知の通り。歩行者天国で人々がカップヌードルを試食する様子を撮影した有名なCMは安藤のアイデアだった。歩きながら食べる人々を視察した際に〈あれをCMにしたら〉と萬年社社員に伝え、急遽カメラクルーを入れた。

この頃のカップヌードルの広告コピー（正確には日清食品の企業スローガン）に〈おいしさは世界のことば〉がある。大阪の毎日放送制作で萬年社も制作に参加していた『ヤングOH！OH！』で覚えておられる方も多いだろう。

当時のカップヌードルのコンセプトは端的に言えば「国民食」あるいは「世界食」である。一部の嗜好に応えるのではなく、日本の人々、さらには世界中すべての人々に愛される商品を目指すということだ。

時を経て、競合コンペの時代に移る。競合相手は博報堂だった。カップヌードルのような大型商品では熾烈なコンペが繰り広げられた。満を持して博報堂が勝ち取ったキャンペーンが世界的な広告賞の頂点であるカンヌグランプリを獲得した〈ｈｕｎｇｒｙ？〉だ。

開始は92年。マンモスを追いかける原始人をコミカルなクレイ（粘土人形）アニメで描いたCMだ。ＣＧは使用せず動物はコマ撮り、人間は実写で合成している。プレゼンで博報堂が提案したキーワードは〈おなかがすいている人はいませんか？〉だった。

このＣＭはカップヌードルのコンセプト「国民食」「世界食」を見事に昇華させた名作だと言える。広告代理店が替わってもカップヌードルのＤＮＡは受け継がれ、競合コンペという熾烈な競争によって高められた。

知人のアメリカ人クリエイターは「日本には〈ｈｕｎｇｒｙ？〉があるじゃないか。あんなに素晴らしい広告は今まで見たことがない」と称賛し、キャンペーンが終わったとき、「なぜ日清食品はあれを続けないのか。信じられない」と落胆の表情を見せた。

電通から始まった「逸脱」

やがて、広告代理店が現在も担当する電通に替わる。エポックは〈ＮＯ　ＢＯＲＤＥＲ〉だろう。このキャンペーンにはいくつものバージョンが存在する。

最も有名なＣＭは２００５年の「宇宙」篇だろう。地球上空４００キロの宇宙ステーションで宇宙飛行士がカップヌードルを食べるというものだ。実際に世界初宇宙で撮影された同作は話題になった。コピーは〈この星に、ＢＯＲＤＥＲなんてない。〉だった。

もうひとつある。これはすぐに放送が中止された。

「宇宙」篇の1年前、04年に放送された「少年兵」篇だ。戦場の街。銃を持って歩く1人の少年兵。周りには大人の兵士たちもいる。海の砂浜で少年は真っすぐ前を見つめ立っている。そこに少女がやってくる。二人は笑顔でカップヌードルを食べる。そこに〈ＮＯ ＢＯＲＤＥＲ カップヌードル〉というナレーション。画面の下には小さく〈世界には、30万人以上の少年兵が存在している。僕たちは何ができるだろう。〉という文字。このＣＭを放送中止した理由を日清食品は公式にはコメントしていない。

これらの作品群では「国民食」「世界食」というコンセプトを踏襲しつつも「反戦」「世界平和」といった概念が導入されるようになった。〈ＮＯ ＢＯＲＤＥＲ〉コンセプトの設定において〈おいしさは世界のことば〉というスローガンから導き出される「おいしいものは世界共通」という概念から「だから、世界に境界はない」へとつながる論理展開がある。

つまり、コンセプトがダイレクトではなく、2つの〝ひねり〟を経て表現されている分、難解さを伴う。「反戦」「世界平和」は人類普遍ではあるが、広告的には「国民食」「世界食」というコンセプトを際立たせるモチーフを超えることはない。カップヌードルにとっての普遍的なコンセプトにはなりえないのは自明だ。

〈ＮＯ ＢＯＲＤＥＲ〉は、その逸脱への引力に引っ張られながらも不安定なバランスでかろうじて成立した名作ではあるが、この作品群が日清食品の広告戦略の迷走の起点だと考える。

日清食品の完全な誤解

この後、案の定、カップヌードルの広告戦略は迷走を深めていく。06年、アニメーション作家・大友克洋を起用した〈ＦＲＥＥＤＯＭ〉が始まった。このアニメ作品はシリーズで2年にわたり制作されＤＶＤ販売もされた。〈自由を摑め。〉という副題が。ここで完全にカップヌードルのＤＮＡ、「国民食」「世界食」というコンセプトから逸脱し、今も続く「自由」「反逆」「革命」というコンセプトに切り替わってしまう。

近年、カップヌードルのＣＭは、不倫した芸能人をＣＭに起用しネタにして炎上、中止に追い込まれたり、東京本社を爆破してみせるサムい演出をしてみたり、次々と大型キャンペーンを繰り出す割には炎上以外では話題性に乏しい、往年の名作ＣＭからは考えられない不調が続いている。

原因はＣＭ表現におけるカップヌードルのＤＮＡからの逸脱に尽きる。〈おいしさは世界のことば〉は届いても、「自由、反逆、革命、カップヌードル」は届くはずがない。その逸脱と誤解を象徴的に示す事例がある。カップヌードル公式ツイッターが「まんぷく」最終話が放映された3月29日に投稿した言葉を引用しよう。

〈おかげさまでカップヌードルは発売から48年。「正座で食事」の時代に、歩行者天国で若者たちに「食べ歩き」させて、大人たちに「けしからん」と怒られたんだよなぁ。思えばここからずう〜っと

僕たちは「けしからん」なんだなぁ…〉

完全な勘違いをしてしまっている。銀座の歩行者天国で行われた試食は、世間から〈けしからん〉と言われるために行ったのではない。〈食べ歩き〉はマクドナルドが先行していたし、日清食品はそれを模倣したに過ぎない。

もちろん模倣が悪いわけではない。その本質は新しい「国民食」「世界食」を提案し、世の中に広げることだったのだから。そして、人々は受け入れ、楽しんだ。

期間中に5万6千食を売り、その販売力を見込んで〝大人〟の代表だった百貨店から続けるように懇願され、東京限定だったカップヌードルの全国、世界進出の足がかりを摑んだ。仮にごく少数の〝大人〟から〈けしからんと怒られた〉としても、大多数の人々がこの新提案を新時代の姿として歓迎した事実に変わりはない。現在の日清食品の自意識過剰で残念な勘違いはいつまで続くのだろう。経済活動だから好きにすればいいと言えばそれまでだが、カップヌードルを愛する者のひとりとしてひとこと書き添えて原稿を終えたい。

CGで日清食品本社を爆破したり、不倫で謹慎した女性タレントをいじったりするCMをカップヌードルに求めている人など、世の中に誰もいない。

＊

参照文献：『昭和を動かした広告人』土屋礼子［編］産学社

「ZAITEN Report」（19年6月号）

これは日清食品という一企業の広告についての、あくまで僕から見た歴史ではあるが、昭和から平成へと至る日本の広告業界がどのように歩んできたのかがある程度理解できるのではないだろうか。ちなみに、僕は「どん兵衛」や「チキンラーメン」、「カレーメシ」などの広告戦略は見事なものだと思っている。「どん兵衛」や「チキンラーメン」については語る必要はないだろう。ここでは「カレーメシ」の広告戦略について解説したい。「カレーメシ」はフリーズドライのお米を使った即席カップ食品である。お湯をかけて待つだけでごはんが楽しめる。正式にはアルファ化米という。厳密には工程は違うしその科学的な生成プロセスも異なるが、これは日本でも古くから「乾飯（いいはん）」と呼ばれ、戦に赴く武士の保存食として活用されてきた。このアルファ化米を即席麵に匹敵する市場に育てるために、食品会社各社は試行錯誤を続けてきた。しかし、うまく売るには技術的な限界があった。カレーメシのようなカレーライスとして売り出すには、お湯掛けのカップ食品の場合、ルーとライスが混ざりあった形でしか商品化できないことだった。つまり、雑炊的なものしか食欲をそそる商品としては成立しなかったのだ。安易に考えれば、明治43年（1910年）創業で〝まぜカレー〟として名物にもなっている大阪の老舗洋食店「自由軒」とコラボする手もあるが、それは「国民食」を目指す日清食品の本意ではないだろう。

日清食品はこのアルファ化米を利用したカップ食品の市場開拓に何度もチャレンジし、失敗してきた。打開したのはクレイジーなアニメーションを使ったCMだった。カレーメシは常識では

「まずそうだ」と思われるような食品である。この商品を売り、市場をつくるにはその常識を打ち破る必要がある。そこで考え出されたのが、アニメで描かれたカレーメシのキャラクターが絶叫し、奇想天外にシーンが移り変わる意味不明なふざけたCMだった。このCMは「カレーメシは意味不明な食べ物です」と消費者に訴えかける。意味不明なものは、端から常識という文脈の外にあるものだ。となれば、常識ではまずそうにしか見えないものでも、常識という文脈をなくすようにマインドセットするCMを観た人は、常識から開放されて「一度、食べてみようかな」という気になる。食べてもらえればこっちのものだ。意外とおいしいと分かると、もう後は倍々ゲームで市場が広がり続ける。シリーズも増え、今ではスーパーやコンビニ棚ができるまでに市場が成長した。

現在は美少女を主人公にした未来的なアニメによる、まるでカップヌードルの新作のようなCMが流れているが、「これで大丈夫なのかな」と少し心配しながらテレビを眺めている。

Concept

この特別講義の最後に、広告用語で最も普及した言葉であり、定義するとなると最大の難関ともなる、Concept（コンセプト）について語りたい。このコンセプトという用語は、特に広告分野だけで使われるものでもなく、建築や都市計画など様々な分野で使用される言葉である。これをお読みいただいているあなたも一度と言わず二度三度使ったことがあるだろうと思う。で、このコンセプト、日本語で説明するとなるとどうにもうまくいかない。手元にある三省堂の新コンセンサス英和辞典で紐解いてみよう。あった。〈n.【哲】概念.〉以上。うーん。こういうときは「ググレカス」（それにしてもネットスラングは口が悪いね。人のことは言えないけど）という言葉もあるし、Googleで検索してみる。こちらは少し分かりやすく説明してある。〈1．概念。2．企画・広告などで、全体を貫く基本的な観点・考え方。〉。ごく簡単に言えばそういうこと。基本的な考え方。

基本的な考え方という補助線を引くと、直訳の〈概念〉はぐっと分かりやすくなってくる。会議なんかでこんがらがってくると、「ここでちょっと考え方を整理してみませんか」と誰かが言い出す。ホワイトボードにキーワードを書き出して「この概念はちょっと違うんじゃない？」とか言う者もいる。で、書いたり消したりしているうちに「そうそう、これだね。こういうことだよ。これで行こう！」となる。それがコンセプト。

似たような言葉にテーマやモチーフがある。確かに似ているけれど、厳密にはコンセプトとテーマ、モチーフは違う。これは音楽の「コンセプト・アルバム」という言葉を例にとると分かりやすいかもしれない。普通のアルバムとコンセプト・アルバムは違う。何が違うかというと1枚のアルバムに対する考え方、概念の強度が違う。普通のアルバムはラジオのＤＪに聴かれたら「ニューアルバムのテーマはですね、うーん、何というか個人的に子どもが生まれたりして、あえて言えば、いのちって感じですかね」といった答え方をするが、コンセプト・アルバムは「ずばりLOVE & PEACEです」とか「宇宙です。一枚を通してスペース・オペラとして楽しめるアルバムになっています」だとか、こういう言い方をするだろう。入っている曲は、このコンセプトに忠実につくられている。逸脱する曲はほぼない。通常のアルバムはつくっている本人が「テーマはいのち」と言っても、恋愛や孤独を歌った曲も入っているし聴いている方もそれで違和感がない。

コンセプトは対象となるブランドの本質へと迫る強度（より専門的に言えば、抽象度）が高い。カップヌードルで言えば「国民食」「世界食」はコンセプトではあるが、「反戦、世界平和」や「自由、反逆、革命」がコンセプトにはなり得ず、テーマやモチーフにとどまることがお分かりいただけただろうか。今のカップヌードルの一連のCMのコンセプトをあえて表現すると「青春食」ということになるだろうか。カップヌードルというブランドの強さに比べて、コンセプトが弱いことが理解できるだろう。

まあ、こういう定義論は「おまえは何も分かっていない。そもそもコンセプトっていう概念の本質はそんなことではなくて……」というような人を攻撃し排除していく権力誇示装置として働いてしまうので、僕はあまり好きではない。また、そうした権力闘争の道具として使われるから、自分の利益や目的に合わせた独自の定義、俗にいう「オレ定義」をしてしまいがちで、いろんなことを言う人が世の中にはたくさんいる。何とかして人煙に巻きたい、自分を偉く見せたいというニーズがそれなりにあるので、昔から多くの人に使われてきた言葉であるにもかかわらず、今もなお、難解さを装ったオレ様珍定義が登場しては消えていく。コンセプトというようなよく使われる言葉は、実務を重ねれば体感で分かってくるものだし、多少、コンセプトとテーマ、モチーフが混同して使われようが、そのことで重大な誤謬が起こらない限り、大した問題ではないと個人的には思っている。

第四章

タレント広告という文化的病理

タレント広告はなぜなくならないのか

日本の広告はタレント広告ばかりだ。日本にいるとそれが当たり前のように感じる。欧米ではタレント広告はないと言い切ってもいいくらい数は少ない。あっても、ごくごく狭い地域で流されるローカルＣＭくらいだろうと思う。

僕は外資系広告代理店でキャリアを重ねてきたから、まわりにもタレント広告否定派は多かった。まあ、偏見半分ではあるが、外資系広告代理店にはいわゆる西洋かぶれの「おそ松くん」に登場するイヤミのようなキザったらしい人が少なからずいた。その人たちは「タレント広告なんて民度の低い国民がやることだよ」だとか「タレントでブランドはつくれない。広告はアイデアが勝負なんだよ」みたいなことを軽々しく言い放つ。本当にそうだろうか。

僕が若い頃に経験したエピソードは、彼らが言うことが嘘であることを物語っている。まだコピーライターだった頃。ある女優さんを起用したCMをつくることになった。上司であるクリエイティブ・ディレクターは「僕らは外資系広告代理店なんだから、撮影現場でサインをもらったりするようなカッコ悪いことはやめようね」と言った。僕を含めたスタッフはそれを守った。でも、当のクリエイティブ・ディレクターは守らなかった。営業が「じつはあの人、陰でサインもらってたんだよね。親戚の子がファンなんで、とか言ってたけど、違うよね」という話を聞いたのだった。ま、人間らしくて結構なことだと思ったが、同時に、それほどまでにタレント、もっと言えばタレント広告は魅力的だということだ。

日本の広告がなぜタレントを使いたがるのか。それは何よりもまず便利だからだ。俳優であれ芸人であれ文化人であれ、広告をする商品やブランドにはなく、商品やブランドが喉から手が出るくらい欲しくてたまらないものを持っている。それは知名度とファンだ。

昔、〈知名度、0%、日本サムスン。〉という人を喰ったような広告コピーがあった。韓国のサムスンが日本市場に参入して間もない頃の企業広告だ。これはこれまでの三星電子ジャパンから日本サムスンに社名変更するタイミングで〈知名度0%〉と自分で自己紹介することで知名度を獲得していく上手なやり方だった。社名変更の発表はこの広告であったから、文字通り知名度は0%だった。この広告コピーが示すように、新製品は、すべて最初は知名度がゼロだ。そんな新製品でさえ、タレントを起用すると簡単に知名度を得る。タレントにはファンがいる。お気に入りのタレントが広告する商品に、ある程度は好感を抱くだろう。普通の広告が長い時間をかけてしかなし得ないことをタレントはいとも簡単に達成してしまう。タレント起用には莫大なお金がかかる。しかし、それでも企業は自身の広告にタレントを起用する。どの会社も道楽でタレントを起用するわけではない。それは費用対効果において効果が費用を上回るからに他ならない。

タレントにブランドはつくれないのか。ならば問う。女優の森光子が生涯出演し続けたタケヤみそのCMはブランドではないのか。森光子はタケヤみそというブランドにまったく貢献していないのか。違う。タケヤみそというブランドは「森光子」という昭和の大女優の生き様や人柄と密接に関係している。アニメにはなっているが、桃屋のブランドも昭和の大喜劇人である三木のり平と大きく関係している。タレントはアイデアにならないのか。これも間違っている。僕は広告人として、全盛期のSMAPを起用するというアイデアを超えるアイデアをつくることが容易ではないことを知っている。広告にとってキャスティングも重要なアイデアの一つだ。キャスティング専門の会社もあるし、電通は電通キャスティングアンドエンタテインメントというキャスティング専門会社を別会社として持っている。

僕はかつて、「とはいえ、さすがにタレント広告は下火になるのではないか」と予測した。台頭してきたインターネットでのタレントの扱いが難しく、タレントに代わって自社キャラクターを起用するCMがブームになってきた頃の話だ。結果は違っていた。とにかくてっとり早いタレント広告は増加の一途を辿っている。最近ではCMには女優を起用し、プレスを呼ぶ新製品発表会では単発契約で人気お笑い芸人を別に起用するケースも増えてきている。ワイドショーやネットニュースではそのほうが受けがいいからだ。効果を最大化すればこういうことになるだろう。

絶大な効力を持つタレント起用ではあるが、なぜ欧米ではタレント広告が少ないのか。話をそこから進めたい。

広告に出るということ

ハリウッド俳優にとって広告に出ることがどんな意味を持つのか。もしくは、海外のトップミュージシャンにとってはどうなのか。直接聞いたわけではないから断言はできないが、「あまり好ましくはないね」とは答えてくれそうな気はする。それは彼らのプロ意識が高いということももちろんあるが、それだけではない。ハリウッド俳優にとっても海外のトップミュージシャンにとっても、彼らが生業とする市場が大きいのだ。そこで活動を最大化するために、余計な色がつき、自分の演出のされ方が思い通りにはいかない広告出演は商売の邪魔になる。だから、世の中のためになり自身の価値を高めてくれる意見広告や、彼らが考えるより良き社会に積極的に寄与できる強いメッセージを持つ広告活動であれば、彼らは喜んで出演する。さらには、MCハマーのペプシ・コーラにあるように、世界をあっと言わせるクリエイティブな企画であれば、かろうじて彼らを口説き落とせる。

彼らも自身のイメージ毀損と報酬の天秤で、メリットが勝ればCM出演は厭わない。その天秤がメリットに傾くのは、本国や英語圏では放映されることのない日本でのCM出演である。いわゆる、出稼ぎだ。例えば、ダイエットペプシの比較広告ではデビッド・ベッカムやイチローも出演しているが、いずれも日本限定である。

同じく日本限定で欧米のスターが出演した有名な作品として、アメリカを代表するショーマンである、サミー・デイビスJr.のサントリー「ホワイト」のCM（1973年）がある。サミーが持ち味の軽快なリズムを取り、ダンスを踊り、グラスに氷を入れ、ウィスキーを注ぐ。一口飲み干し〈うーん、サントリー〉と決める。このCMは人気で、子どもたちはこの〈うーん、サントリー〉というフレーズを盛んに真似した。この作品は同年のカンヌ国際広告賞（現・カンヌライオンズ）のグランプリを受賞した。

最上級の国際的な評価を得た日本のタレントCMだったが、その後も欧米では流行することはなかった。それはひとえに、欧米の有名俳優やミュージシャンたちの損得勘定による合理的選択だった。

ハズキルーペ　ハリウッド俳優・渡辺謙が示す日本広告の特殊性

凄いものを観た。いや、観てはいけないものを観てしまったという言い方が正しいのかもしれない。

大観衆に拍手で迎えられるブラックスーツの男女2人。男は目を見開き〈本当に世の中の文字は小さすぎて読めないっ！〉〈新聞も企画書も小さすぎて読めないっ！〉と怒りをぶちまけ、手に持っていた書類を投げ捨てる。

ご存知、ハズキルーペのCM、その冒頭シーンだ。

ハズキルーペはメガネ型の拡大鏡ではあるが、文字が大きく見えるだけではない。世界が変わるとのことだ。ハリウッド俳優、渡辺謙がそう言っている。

東大卒の才女で、カカクコム元代表取締役で実業家、投資家の稙田誉輝の妻でもある女優、菊川怜も〈私も世界が変わりました〉と断言してくれる。

この有名な2人が言うのだから、きっと間違いないのだろう。

日本製だから品質が良いらしい。それが証拠に、渡辺が椅子の上に置いたハズキルーペを菊川がその豊かなお尻で踏んでもまったく壊れない。さすがメイド・イン・ジャパンだ。

もちろん、遊び心も忘れない。菊川が着こなすミニのタイトスカートから伸びる細い脚と美しい曲線を描くヒップラインを追っていく。世の男性のスケベ心を煮詰めて固めたようなこのサービスカットが本編いちばんの見所だ。

渡辺が〈凄いぜ、ハズキルーペ〉と決めると聴衆はスタンディング・オベーションで応える。菊川は熱狂する聴衆に向けて、最高の笑顔をたたえ、両手でハートをつくり〈ハズキルーペ、だぁい好きっ！〉と言ってウィンクする。

好き嫌いが分かれる広告だと思う。嫌いな人はとことん嫌いだろう。

僕は好きでもないが嫌いでもない。広告とは本質的にこういうものだと思うからだ。

広告理論的には感心するほど良く出来ている。基本に忠実。直球ど真ん中。表現も振り切っている。なのに隙がない。今どきの広告では他に例がないほど女性の身体的な魅力を男性目線で執拗に描いているにもかかわらず、炎上はしていないのが何よりの証左だろう。

お利口に、いい人に、美しく、優しく、面白く、上品に見られたい。

その世間体というベールを剝ぎ取り、その本能を剝き出しにするとき、広告はこうなる。物を売ることとは、本来こういう行為なのだ。

だから、欧米では俳優や文化人等のセレブリティーは広告に出たがらない。

広告に出ることは誰かの商売の広告塔として、間接的に経営に関与することだ。失敗すればそれ相応の責任が問われる。

欧米では、本業そっちのけで副業に勤しむ軽い奴だと後ろ指をさされる。三流の烙印を押される。考えてみて欲しい。

ハリウッドを市場とする世界的俳優である渡辺謙が同じようなCMにアメリカで出演するだろうか。

この突き抜けたCMは、日本の広告業界の救いようのない特殊性も明るみに晒してくれる。

日本の広告は、いつまでたってもこうなのだ。時代が変わっても変わるつもりなど毛頭ないのだ。

そんな寒々しい事実を眼の前に突きつける。

いつまでも不思議の国、日本でいいのか。破綻するまで突き進むしかないのだろうか。

「池本孝慈の超広告批評」（ZAITEN18年11月号）

芸能界と広告

日本の場合、欧米とは事情が異なる。映画俳優にしてもコメディアンにしても、彼らが生業とする市場は日本語圏に限られる。つまり、欧米の俳優や芸能人が生業とする英語圏の市場に比べて市場が小さいのだ。また、欧米と日本では芸能ビジネスのシステムが違う。ご存知のように日本の芸能人の多くは芸能プロダクションに所属している。一方で、欧米の芸能人、とりわけ映画俳優は、ハリウッド俳優からまだ無名の俳優に至るまで、その多くは個人事務所である。日本の場合は、芸能プロダクションが所属タレントのマネジメントをする。出演契約はクライアントと芸能プロダクションの二者契約で、少なくとも法的にはタレント自身は含まれない。この俳優はゆっくり育てたいとなれば、本人が望もうが芸能プロダクションは本人の成長に役立たない仕事は入れないし、逆にすぐに成果が欲しい場合はどんな仕事でもいいからやらせる、といったことが起きる。メリットは短期的利益にとらわれずタレントを育成できること、デメリットはタレント本人の決定権が著しく奪われてしまっていることである。事務所の言いなりになる可能性がある。

欧米の場合は、基本的にエージェント制だ。タレント本人が自腹でエージェントと契約する。日本から海外進出を果たし成功した俳優や女優が帰国して苦労話を披露するとき、決まってこのエージェント制まわりの話をする。オーディションに出なくちゃいけない、でも収入がない、エージェントの報酬も出さなければいけない、大変でした、と。広告代理店をエージェンシーと言うように、エージェントとは代理人の意だ。代理人に基本的には決定権はない。決定はタレント本人が下す。契約はクライアントと交渉を代理するエージェント、そしてタレント本人の三者契約となる。

古くは加勢大周騒動、比較的に新しい事例では、能年玲奈（現・のん）やSMAP騒動があったが、芸名やグループ名をめぐる騒動は、日本の芸能プロダクションによるタレントのマネジメントという独特の制度に起因する出来事で、欧米ではあまり見られない。

市場の小ささと芸能プロダクションによるマネジメント制により、タレントの広告出演に対する意識は欧米よりも格段に大らかになる。むしろ、報酬が高額で無名のタレントの名前を売るために露出を増やすことに役立つ広告出演は、芸能プロダクションにとっては〝おいしい〟仕事なのだ。もはやCM出演は、テレビのバラエティー番組やドラマ、映画出演と同じだ。タレント広告がほとんどの広告業界は、もはや芸能界でもあると言ってもいい。

宝島社「ベッキー広告」広告の姿を借りた残酷な芸能界そのもの

（2016年）9月29日、日経新聞朝刊のセンター見開きに広告が掲載された。背中を向けた裸の女性の写真には、〈あたらしい服を、さがそう。〉という言葉が。一見するとユニクロの広告のようだが、右上の隅には小さな宝島社のロゴがある。

その女性がベッキーだと知ったのはネットニュースだった。この広告のために髪を短くしたことを、直後に出演したワイドショーで語っていた。広告の制作は極秘で行われたらしい。

掲載媒体に日経1紙を選んだのは、全国に届けるために地方紙を絡める必要がなく費用対効果が高いからだろう。新聞読者に訴えるというより、広告をワイドショーや雑誌で話題にし、SNSを通して拡散を狙った戦略だと思う。

制作はアサツーディ・ケイ（現・ADKホールディングス）。掲載直後のメディア出演を考えるとサンミュージックも深く関与しているだろう。

掲載後の反応は業界内も含め概ね好評で、広告を使った復帰への見事なイメージ戦略といった感想が多かったように思う。

宝島社は詩人の田村隆一を起用した〈おじいちゃんにも、セックスを。〉をはじめ、古い価値観に切り込む数多くの優れた企業広告を送り出してきた。

けれど、今回のメッセージはあまりにも凡庸だったと僕は考えている。少なくとも広告で問うほどの「あたらしい」視点は何もない。美しい写真と洗練されたデザインとは裏腹に、やっていることはスキャンダルを起こした女性タレントがやる「決意のお詫びヌード」と同じだ。ベッキーを苦しめてきた残酷かつ理不尽である〝古い芸能界〟の価値観でしかない。

これは広告の姿をした芸能界そのものではないか。別に広告が芸能界だっていいじゃないかと言う人もいるだろう。でも僕は、少なくとも広告人は、このことをもっと恐れたほうがいいと思っている。

広告が別の何かと強く結びつく危険は、広告が国家と深く結びついた戦時下を紐解くまでもない。たかがベッキーの背中ヌードくらいで、と言われるかもしれないが、国家だろうが芸能界だろうが影響の大小の問題で構造は同じだ。

リオオリンピック閉会式の東京ショーでは安倍晋三首相が登場し喝采を受けた。広告制作者がディレクションした「安倍マリオ」は、アスリートファーストやオリンピックと政治の分離という原則をいともたやすくスルーしてしまった。

立て続けに起きたこの二つの兆候は無関係ではない。ここ数年、広告は広告とそうでないものの境界を曖昧にし、溶かしていく方向で動いてきた。

広告であろうとなかろうと、見る側は常に刺激を求めコンテンツとして消費していく。広告人である僕でさえ例外ではない。それがいかに危険な広告であろうとオモロイものは賞賛されていくのが摂理だ。

つまり、この危険は広告をつくる側の強い自覚でしか防ぐことはできないことを意味している。やっかいなことになったなあ、と思う。このままだと広告はほんまえらいことになるよ。

「池本孝慈の新広告批評 これ、あかんヤツやろ。」（ZAITEN16年12月号）

不倫で活動を自粛していたタレントが活動を再開した舞台は広告だった。これほど広告と芸能界の強い結びつきを象徴する出来事はないだろう。その結びつきがいかに危険なのかということについては次章で詳しく述べる。次は、タレント広告全盛である日本の広告業界で起きた珍現象についてご紹介しよう。

各社横並び〝玉石混交〟「ピコ太郎CM」が示す広告業界の変わり目

各社ブランドの広告担当も、まさかこんなにもカブりまくるとは思ってなかったんやないかなあ。AbemaTV、ワイモバイル、タマホーム、バイトル、ザテレビジョン、UHA味覚糖、CanCam、Apple Music、TOHOシネマズ――。

年末年始にピコ太郎を起用した企業・ブランドだ。「ペンパイナッポーアッポーペン（PPAP）」がYou Tubeに投稿されたのが昨年（2016年）夏。海外有名人たちが自身のSNSで次々と取り上げたのをきっかけに世界中に拡散した。CNNやBBCなどが取り上げ、マスコミが報じたことで日本でも大流行。紅白歌合戦にも出演を果たした。

このチャンスを所属事務所のエイベックス、広告代理店、広告主企業が見逃すわけもなく、昨年はウェブ広告、年明けから地上波CMをピコ太郎が席巻。「いくら何でもやり過ぎ、もうええわ」とうんざりされた方も多いだろう。

各社ともに企画は似たり寄ったりで、地上波CMで初登場となったＡｂｅｍａＴＶを例に挙げると〈アイハブアＡｂｅ、アイハブアｍａＴＶ、アン、ＡｂｅｍａＴＶ〉といった安易な替歌が多数を占めた。一言で言えばサムい。くだらないという感想にすら至らない。

一方で気を吐いていたのはワイモバイル。桐谷美玲と猫のふてニャンが登場する一連のキャンペーンの中に話題の人であるピコ太郎をうまく組み込んでいた。

お正月らしく晴れ着で踊り歌う桐谷も可愛く、歌詞も〈みかんと餅で正月感〉、「正月感」と同社が来店の景品として展開する「ふてニャン缶」を合わせ「正月ふてニャン缶」とするなど、ネタに乗っかるだけではなく、独自の仕掛けを綿密に仕込んでいて〝広告ならでは〟の楽しさに溢れる作品に仕上がっていた。

一方、タマホームはピコ太郎にＰＰＡＰではなく同社のＣＭソングを歌わせた。これまでも、例えば木村拓哉が〈はいここ、注目！〉と叫ぶと唐突にブランドロゴやジングルが重なるといった〝いかに名前を記憶させるか〟に特化した認知心理学的アプローチで広告をつくってきたのがタマホームだ。今回の手法もその流れに沿ったものだった。ただ、このＣＭに関しては意図通りにはいかなかった。この手法ではキャスティングや設定の意外性が重要となる。木村拓哉や矢野顕子にあった意外性は、露出が急激に増えたオンエア時のピコ太郎にはなかったと思う。

良くも悪くもピコ太郎に湧いた年末年始の広告業界だったが、それは時代の大きな変わり目を象徴する出来事でもあった。

ＳＭＡＰ解散。ここ十数年の日本の広告業界にとって個々のメンバーではなく〝グループとしてのＳＭＡＰ〟は最高のブランドの一つだった。ソフトバンクは年末、彼らの貢献をねぎらうＣＭの中で、おとうさん犬にこう呟かせている。

〈サヨナラじゃないよな〉

新しい年の始まりに広告を賑わせたスターは動画投稿サイトから現れた。これは単なる偶然ではないだろう、と僕は考えている。

「池本孝慈の新広告批評 これ、あかんヤツやろ。」（ＺＡ－ＴＥＮ17年3月号）

あれだけ流行したピコ太郎の「ペンパイナッポーアッポーペン（ＰＰＡＰ）」もお茶の間の記憶から消えかけているのではないだろうか。広告制作実務におけるキャスティングは視聴者が想像するより大変で、各社が競い合っている中で起用したいタレントはじつは限られている。広告代理店の一業種一社制は守られていないが、タレントの広告出演については厳格に守られている。これがタレントのＣＭ出演の報酬が格段に高い理由の一つでもある。例えばカップヌードルのＣＭに出演すればカップスターのＣＭに出演できないし、カップ麺ではなくともサッポロ一番も当然ＮＧだ。最近は「テレビを観てる人も分かってるでしょ」というノリで競合商品の話題を話す芸能人もいるが、基本的には他社製品を褒めるのも駄目だ。様々な制限が生じるＣＭ出演だから報酬も破格だ。時々「誰それは年契いくらだ」という話題が週刊誌やネットニュースを賑わせるから ご存知の方も多いだろう。

例えば、缶コーヒーに使いたいと思うようなタレントをリストアップすると思いのほか限られてくる。大概は第一希望から第五希望くらいまでは競合出演でＮＧとなる。残りの候補を順に問い合わせていくのだが「すみません、これから出る予定なんです」ということも少なくない。ちなみに広告制作側がタレントに競合出演ＯＫという条件を出したところで、タレントにとっては事実上、競合の出演契約はしにくくなるので同じことである。

ブームが加熱し一時的に世界的な大スターになったピコ太郎だから熾烈な争奪戦が繰り広げられたことだろう。勝ち抜いたのがこれらの広告主だ。でも、競合業種の中では勝ち抜いたかもしれないが、競合ではない広告主は争奪戦とは関係がない。で、この有り様。ピコ太郎側も、「その企画、別の案件でやってますよ」と言えないだろうし。

創味食品　明石家さんまを毀損するテレビＣＭ

明石家さんまが出演するＣＭと言えば何を思い浮かべるだろうか。

多くのCMに出演してきたさんまではあるが、ヒット作は意外に少ない。基本的には芸人出演のCMは面白くなりにくい。芸人本人が持つ面白さに企画が負けてしまうからだ。

凡作の多いさんま出演のCMではあるが、過去には傑作と呼べるものがある。

キッコーマンの「ぽん酢しょうゆ」。1986年の作品だ。

飾り気のないシンプルなスタジオセットでさんまが歌う。〈しあわせってなんだっけ、なんだっけ。ぽん酢しょうゆのあるうちさ〉

当代きっての軽薄な男が「幸福はみんなで鍋ができる家庭の中にこそある」とメッセージすることのCMには、売れっ子芸人の面白さに飲み込まれず、逆に食ってやるぞという広告屋の気迫が感じられる。

念のために付け加えておくと、広告戦略は間違っていたと僕は考える。

ミツカン「味ぽん」が覇権を握る市場で取るべき戦略は、ぽん酢しょうゆとは何かを訴えるのではなく、キッコーマンのぽん酢しょうゆはどう違うのかを訴えるべきだったと思う。

話を戻そう。

明石家さんまが出演する新しいCMが始まった。創味食品の中華調味料「創味シャンタン」の〝ホンマやっ！〟篇だ。

バブル期のヒット曲である『SHOW ME』をソーミーと言い換えた替え歌が流れる中、創味シャンタンでつくった料理をさんまが食べ〈どんな料理もうまくなるって、そんなわけ……ホンマやっ！〉と驚く。

過去に主演した人気ドラマの主題歌を替え歌にするという安易さは言うまでもないが、ひと目見て、なんという下手なシナリオだろう、と思った。

この流れだと、この〈ホンマやっ！〉という肯定の言葉がどこにかかっているのかが分かりにくい。少なくとも前提となる〈どんな料理もうまくなる〉という言葉はさんまに言わせるべきではなかった。

この〈ホンマやっ！〉というギャグの面白さは、他人の思い込みを疑う自分の気持ちが一気に晴れるという、緊張と緩和のギャップが肝なはずだ。

台無しである。

さんまも吉本興業も、よくこんなコンテを飲んだものだなあと思う。このCMは、長年かけて積み重ねて高めてきたさんまというコンテンツのブランド価値を著しく毀損する。

ここには、懐メロやギャグといった過去、大衆に受け入れられたコンテンツの劣化コピーしかない。

CMを観た若い人が「さんま、おもんない。終わってるでしょ」と思ったとしても、「いやこれはCMですから」という言い訳は効かない。視聴者にとってはバラエティ番組もCMも同じなのだから。

ちなみに明石家さんまの出演料は、1クール（3カ月）で1億円前後と言われている。

けれども、ここには創造性がない。1億円を短期的な売り上げと知名度に等価交換する寒々とした消費がただあるのみだ。

広告ビジネスは、過去のコンテンツを使い捨てにするだけの、つまらない世界になり下がってしまったのだろうか。


「池本孝慈の超広告批評」（ZAITEN18年12月号）

さんまさん、本当にこのCMがおもろいと思ってやってる？　まさか「広告ってこういうもんでしょ」とか思ってない？　もし、広告業界人が「所詮、お笑いってこんなもんでしょ」と言ったらどう思う？

ソフトバンク「10年間ありがとうCM」は作り手側の都合

元電通のCMプランナーで、バザールでござーる、ポリンキーなど数々のキャラクターを生み出し、独立後はだんご3兄弟をヒットさせ、現在は東京芸術大学教授として活躍する佐藤雅彦氏は、1996年に出版された自身の作品集の中でこう語っている。

〈オリジナルキャラクターであれば契約金もいらないし、年もとらなければ不祥事も起こさない〉

あれから20年、日本の広告はタレント広告花盛りだ。デフレ、デフレの世の中でも今なお高額な契約料を支払い、一度しくじれば取り返しがつかないリスクを背負いながら、なぜ日本の企業は広告にタレントを起用し続けるのだろうか。

ソフトバンクの白戸家シリーズが終わるらしい。らしいと書いたのは、CMでそう言っているだけで公式には終わるかどうかは発表されていないからだ。

CMでは〈10年間ありがとう。〉というコピーとともに、これまでの作品のダイジェストが流れたり、撮影スタジオで白い犬、樋口可南子、上戸彩がスタッフから花束を渡されたり、新しい家族役のタレントたちが思わせぶりに嫌味を言ったり、そんな白戸家終了を匂わせるエピソードが繰り広げられている。

CMで〈日本でいちばん有名な家族〉と自称するわりには話題になっている様子はない。当然だろう。一企業の広告がどうなろうと知ったこっちゃない。みんなそれほど暇ではない。

というより、今の世の中、CMがどういう仕組みで、どういう人たちの手でつくられているかくらいはみんな分かって観ている。上戸彩が〈えっ、私たち終わっちゃうの？〉と驚く様を寒々しく思っているだろう。

さらに言えば、芸能ネタに詳しい人なら、長男役のダンテ・カーヴァーがイラスト以外では出ていないことに気づいているだろうし、そのことに対しても「ダンテがゲス不倫したからでしょ、ソフトバンクさんも大変よねえ」という感想しかないのが今のリアルだ。

タレントが不倫しただけでこんなことになってしまう。ましてや、ダンテは樋口や上戸のような有名作品に数多く出演する俳優ではなく、このＣＭに出演することで有名になったような中途半端なタレントだ。

飼い犬に咬まれるとはこのことだろう。オリジナルキャラクターならぬオリジナルタレントは、生身の人間であるが故に、逮捕されたわけでもない私生活上のトラブルごときで、これまで積み重ねてきたブランド資産をリセットさせる危機を与えてしまう。

今、テレビで頻繁に流れているソフトバンクのＣＭは、タレント広告という手法が時代に敗北したことを象徴しているように僕には思える。

ソフトバンクには二つの選択肢しかない。白戸家をやめるか、何もなかったかのように続けるか。ソフトバンクは自らが育てたダンテをタレントとして扱ってしまったし、自らの白戸家というキャンペーンをタレント広告だと考えてしまった。アイデアよりタレントを優先し足掻いてしまった。

そのことを広告人として残念に思う。

長男を別の外国人に変えて、白い犬に「おまえ、なんか顔変わってないか」と言わせ、新しい長男に「気のせいですよ、お父さん」と答えさせるくらいのことで流せばよかったのに。

「覆水盆に返らず」ではあるのだけれど。

「池本孝慈の超広告批評」（ＺＡＩＴＥＮ17年12月号）

タレント広告のリスク

効果絶大な広告のタレント起用ではあるが、当然、効果の裏には副作用もある。その副作用も絶大なものとなる。ソフトバンクの件は脇役のダンテ・カーヴァーの不倫騒動であるが、最近でも電気グルーヴのピエール瀧の麻薬取締法違反の容疑での逮捕があった。ピエール瀧はテクノミュージックのアーチストではあるが、様々なテレビやラジオに出演し、人気のCMタレントでもあった。出演していた広告は複数社あり、中でも放映中だったLIXILはCMの放映を中止、ウェブサイトから過去の作品をすべて削除するなど対応に追われた。広報部は「とうてい許されざる行為で、遺憾です」とコメント。CMは俳優の山下智久や女優の広瀬アリスとともに出演。瀧はお調子者のキリギリスを演じていた。16年から始まり3年続く人気シリーズが瀧の逮捕によって一瞬で消えた。

タレント広告のリスクは広告主だけではない。出演するタレント自身にもリスクはある。

コインチェック　タレント広告の危険性が改めて剝き出しになった

仮想通貨取引所「コインチェック」から仮想通貨NEMが不正流出した。時価総額、約580億円。すべての口座が凍結され、原稿を書いている2018年2月後半時点で被害を受けた顧客への補償はされていない。

仮想通貨を詳しく知らなくてもコインチェックという名前は知っているという人も巷には多い。それもそのはずで、テレビCMをはじめとする大量の広告出稿を行っていたからだ。

一人二役で兄弟役を演じる芸能人の出川哲朗が〈なんで、ビットコインはコインチェックがいいんだよ。やっぱり兄さんは知らないいんだ〉〈兄さんが知らないはずないだろ〉というナンセンスなやり取りを繰り返すCMは好感度調査でのスコアも高く、人気CMのひとつだった。

この一連のキャンペーンでコインチェックは会員数を約10倍に増やした。

なぜCMが世に出たのだろうか。仮想通貨は激しい値動きをする投機性の高い商品であり、しかもコインチェックは金融庁未登録の〝みなし業者〟だった。常識的には大手広告代理店とは取引できるはずもなくテレビ局も考査を通さない。つまり常識を逸脱した何かの力が働いていたということだろうと思う。

ちなみに僕が調べた範囲で言うと、制作会社はTYO、クリエイティブ・ディレクターはワトソン・クリックの山崎隆明。同社は電通100%子会社のクリエイター事務所である。媒体作業を担当した広告代理店は分からなかった。

今回、広告関連で最も煽りを受けたのは出川だろう。本来であれば、テレビ局やTYO、ワトソン・クリック、間で動いているであろう広告代理店の責任がまず問われなければならない。しかし、日本ではそうはならない。納得いかないけれど、それもまた現実だ。

これまではタレントの不祥事で企業が損害を被る事例が多かったが、今回は逆で、広告がタレントの価値を毀損することになった。出川にとっては忸怩たる思いだろう。彼にしてみれば事務所が持ってきた仕事を他の仕事と同様に全力で取り組んだに過ぎない。

しかし、それが本来のタレント広告の本質的な危険性であり、今回の出来事はその本質がたまたま剝き出しになっただけだ。お茶の間で人気の出川哲朗の芸能人生を終わらせるだけの危険を、その柔らかい衣の奥に隠しているのがタレント広告という手法だ。

だからこそ、欧米ではタレント広告は少ないし、著名な俳優や有名人は広告に出たがらない。また多くの俳優やコメディアンは日本と異なり三者契約をとっていて、本人の意向が反映されやすい。それは、初めからそうだったわけではなく、いくつもの失敗を繰り返してそういう文化が形づくられたということだ。

タレント広告を全否定するつもりはないけれど、今の日本のタレント広告依存はかなり過剰だ。なんでもかんでもタレントありきはそろそろやめにしたほうがいい。同時に、広告に依存するタレントの契約形態も変えていかなければならない。このままだと日本の芸能界と広告は共倒れするだろう。今動き出せば、まだ間に合うと思う。

出川の言葉を借りるなら〝やばいよ、やばいよ。マジやばいって〟ということだ。笑って言える今はまだまし。取り返しのつかない大事故が起きてしまった後では、もう笑えない。

「池本孝慈の超広告批評」(ZAITEN18年4月号)

広告代理店が表に出ないということは、内部ではグレーな案件と認識していたのかもしれない。もちろん杜撰なセキュリティ体制まで把握していたかは分からないが、そもそもコインチェック社は上場もしていないし、大きな資本がバックにあるわけでもなく、ただ加熱する仮想通貨ブームで高収益を上げているだけの新参企業なのだから。基本的に大手広告代理店は信用のない企業の案件は受けない。だから、新参の企業はどこも電通と取引したがる。「いつかは電通と……」という思いを抱きながら経営に励む経営者も多い。また、それは一業種一社制の原則を守らない日本の広告業界がつくったメンタリティーでもある。

結果的にはこの件では出川哲朗の本業にはあまり影響は与えなかった。逆に、テレビ放送の調査・測定を行うニホンモニターが発表した「2018タレントCM起用社数ランキング」では男性部門1位を獲得した。出演社数11社だそうだ。ちなみに女性部門の1位は乃木坂46の白石麻衣。両人とも、テレビ番組をはじめとする芸能界で大活躍していたし、僕自身も少なくない好感を抱いているから当然だと思うものの、広告は芸能界の一部であることを突きつけられているようで複雑な気分にもなる。

日本の広告業界の事情をぼんやりと理解しながら、タレント広告というつかの間の茶番を楽しむ大らかさがこの国にはある。それが日本の文化だと言ってしまえばそれまでだが、本当に、それが良き文化であるのか、僕には疑問がある。

西武・そごう　芸能界に飲み込まれた決意不在の「キムタク広告」

　正月広告くらいは自分の言葉で話そうぜ。東京をはじめとする大都市の一等地で、日々、百貨店の仕事をしていて思うことの一つや二つあるでしょうよ。

　経営統合とはいえ西武とそごうのブランドが同じわけがない。競争が激しくなる中で、このまま惰性でダブルネームの広告活動を続けていていいのか。

　何よりも、ネット通販全盛の時代に、百貨店はこれからどうしていったらいいのか。今ある百貨店という業態はこれからも続くのか。考えなければいけない課題は山ほどあるはずだ。

　今年（2018年）1月1日、朝日、日経等の新聞各紙に西武・そごうの企業広告が掲載された。黒い背景に黒いジャケットを着た木村拓哉。〈正解は、ない。「私」があるだけ。〉というキャッチコピーに続き、長めの言葉が添えられている。

　そこには、誰にも似ていない人生を歩むのは大変で、世間が考えるあるべき姿から離れるといろいろ言われるけれど、それに屈したら新しいものは生まれない、というようなことが書いてあり〈西武・そごうはあなたの勇気になってみせる〉と締めくくられている。

　右下には西武とそごうのロゴが同じ大きさで並び、その2つのロゴをまたぐように〈わたしは、私。〉という、いまいち意味がよく分からない企業スローガンが置かれている。

　昨年のSMAP解散騒動では、悪役のイメージを着せられても頑なに沈黙を保ち続けた〝木村拓哉〟という芸能界の文脈を外して言えば、単に「西武・そごうはあなたを応援しています」と言っているに過ぎない。個人消費に応えることを生業とする百貨店のメッセージとしては極めて凡庸だ。いつから広告は芸能人の代弁者になったのだろうか。この広告のニュース性は、木村拓哉がついに長い沈黙を破ったということでしかない。ファンは嬉しいだろう。それなりに話題になったのも事実だろう。けれども、同時に、本当にそれでいいのか、とも思う。

脇役に過ぎない外国人タレントが不倫して活動を自粛したという、どうでもいい芸能ゴシップネタだけで1クールもCMキャンペーンを引っ張ったソフトバンクのように、今やタレント広告全盛の世の中だ。タレント起用の是非を今さら問うても仕方がない。

広告は時代を映す鏡とも言うし、お正月広告に木村拓哉を起用し、彼の置かれている厳しい現状を広告で描くことは良しとしよう。

けれども、であるならば、逆境に置かれている木村拓哉の思いに見合うような西武・そごうの決意を見せて欲しい、と思うのだ。〈あなたの勇気になってみせる〉みたいな、読んでいるこちらが恥ずかしくなるような、何の具体性もないポエムではなく。

勇気になるのであれば、その勇気の中身をきちんと教えて欲しいと思うし、具体的に何をしてくれるのかを言って欲しいと思う。

今の消費者は昔の消費者とは違う。すべてを見通す力を持っている。どうせ何も決められなかったのだろ、と読み取るはずだ。

久々にテレビドラマの主役をやる木村拓哉は、視聴率で結果を出さないと、またあることないこと言われるだろう。つまり、彼はリスクをとって、その中身を正々堂々と示している。

広告が芸能界に負けてどうする。飲み込まれてどうする。頑張れよ、広告。

「池本孝慈の超広告批評」（ZAITEN18年3月号）

広末涼子とSMAP

ビデオリサーチから平成30年間のタレントのCM出演ランキングが発表された。関東地区の累積放送時間と本数から算出したものだそうだ。1位は女優の上戸彩、2位は木村拓哉だった。ソフトバンクのCMについての連載でも少し触れたが、SMAPは広告と極めて親和性の高いニュータイプのアイドルだった。

広告との関係において、SMAPを語る前に語らなければならない人物がいる。女優の広末涼子だ。昭和天皇の崩御による影響も薄まり、いよいよ平成時代が本格的にスタートする気分に満ちていた平成6年（1994年）、一本のCMが登場した。公園ではしゃぐ少女が瑞々しく映し出され、そこに〈広末涼子、ポケベルはじめる。〉というキャッチコピーが大きく映し出された。当時、洗顔剤の「クレアラシル」が主催する、ぴかぴかフェイスコンテストでグランプリを受賞したものの、その少女は世間的にはほぼ無名だった。

世間は「広末涼子って誰だ」とその無名な少女に注目した。これが今は女優で活躍している広末涼子が生まれた瞬間である。もちろん広末自身は80年生まれだからもっと前に生まれてはいるが、ブランドとしての広末涼子は他ならぬCMから生まれたのだ。広末が歌を出したりテレビドラマに出演したりするのはその後である。

広告がタレントを意図してつくり出した瞬間だった。CM出演によって注目され、CMがきっかけで女優やタレントになる者は過去にもいた。しかし、広告業界の綿密なプランニングによってCMがタレントを誕生させたのは、このCMが初めてだった。

平成という時代は、広告にとってエンタメ業界と広告業界の蜜月、つまりエンタメと広告が溶け込む新しい関係が始まり形成されていく時代だったと言えるかもしれない。広告業界に入ったばかりの僕が受けた衝撃は今も覚えている。これまでタレントの知名度を借りてつくるのがタレント広告だった。それは、無名の少女をタレントに仕立てて広告を成立させる主客が逆転した革命的な広告作品だった。

これまでどちらかというと、ベタで下世話な広告手法だったタレントCMが一気に時代の最先端手法になった。そして平成21年（２００９年）、ソフトバンクのCM「SMAP大移動」篇が放送される。これは、SMAPがタキシードを着てコンサートホールに入っていく様子を映したものだが、このCMは社会的な文脈なしでは理解しにくい。SMAPは直前までNTTドコモと広告出演の契約をしていたのだ。つまり、〈大移動〉とは広告契約の大移動を意味する。つい最近までNTTドコモの携帯電話を薦めていたSMAPが、NTTドコモを見限り、ソフトバンクの携帯電話を推していく。このCMで木村拓哉は〈カモンッ！〉と叫び、〈Softbank↓SMAP〉というテロップが映し出される。スポーツ新聞には〈SMAP電撃移籍〉という見出しが踊った。これも広告代理店がプランを練り誘導したものだろう。このCMは数々の広告賞を受賞したが、中でも特筆すべきことは文化庁メディア芸術祭のエンターテインメント部門審査委員会特別賞を受賞したことだろう。

ここで、完全にタレントと広告の主客が逆転してしまった。そして、そのことをこの国の文化は公式に歓迎した。カップヌードルの広告にあるように、まさに〈NO BORDER〉である。本来はあるべき、そして、なくてはならない境界線まで溶かしてしまえという矜持も節操もない、なんでもありの時代。まさにSMAPは、平成が生んだニュータイプのアイドルだった。

平成の終わり、SMAPはそれぞれの人間らしいエゴの対立によって解散した。5人は、今、平成がつくったSMAPという虚像＝アイドルを脱ぎ去り、それぞれが何もまとわない個人として懸命に戦っている。僕はその決断を祝福したい。彼らに幸あれ、と思う。そして、SMAPが象徴する平成という時代の終焉とその挫折の中、これから広告はどうするのだろうと考える。

第五章

戦略ＰＲとネイティブアドの欺瞞

混迷する広告と戦争の影

バブルが崩壊しインターネットが登場。タレント広告は先鋭化し主客が逆転。芸能エンタテインメントと広告業界が半ば一体化する中で、広告は混迷の時代に入る。広告業界内で「もうこれまでの広告が効く時代ではなくなってきた」という危機感が生まれた。それは日本国内だけの流れではなかった。インターネットの興隆は全世界的潮流でもあるし、２００８年に発生した、いわゆるリーマン・ショックは全世界の経済低迷をもたらした。混乱はチャンスでもある。ここで、これからのあるべき未来を提示し、メインストリームを切り開くことができれば、一気に覇権を握ることができるのだから。

そのしょっぱなは、ポジショニング概念の提唱で一気に有名になったアル・ライズと、その娘ローラ・ライズの共著『ブランドは広告でつくれない』だった。出版はリーマン・ショックの4年前の03年。原題は「The Fall of Advertisng & The Rise of PR」だ。直訳すると「広告の没落とＰＲの興隆」となる。日本語版は共同ＰＲが翻訳監修している。

内容はタイトルほど刺激的ではない。帯の宣伝文に書いてある〈最初にＰＲ、その次に広告。まずはＰＲで信頼を勝ち得よ！〉といった極めてまっとう、かつ現在の認識から見ればかなり凡庸なものである。ＰＲが貢献したブランドの成功例が詰まった本書は、広告本では珍しく売れに売れた。しかし、現代を生きる僕たちが読み取るべきはＰＲが広告に変わるものと意図され、ＰＲ

業界の専門家が研鑽を重ねてきたという事実だ。

本が出版されるということは、それまでの実績の蓄積があったということでもある。広告業界が喧伝する実績は輝かしいものばかりではあるが、じつはその輝きの陰に隠れるようにして暗い実績も存在した。

時は１９９０年代に遡る。91年、クロアチアがユーゴスラビアからの独立を宣言し、ユーゴスラビア連邦軍との衝突が起きた。ユーゴスラビア紛争である。結果、国家としてのユーゴスラビアは解体する。以来、民族や宗教が入り乱れ内戦状態に陥る。クロアチアの独立に刺激を受け、ボシュニャク人およびクロアチア人が多数を占めるボスニア・ヘルツェゴビナも独立を宣言しようとするが、少数民族であるセルビア人は自治区を設立し独立を保とうとする。しかし、ボスニア・ヘルツェゴビナはこれを認めなかった。後にボスニア・ヘルツェゴビナは独立を宣言。ボスニア・ヘルツェゴビナ政府と自治区を企てるセルビア人との激しい紛争に発展する。これが92〜95年にかけて起こったボスニア・ヘルツェゴビナ紛争である。

紛争当初はセルビア人勢力が優勢であったが、結果的にはボスニア・ヘルツェゴビナの事実上の勝利で幕を閉じる。決定的だったのはＮＡＴＯ（北大西洋条約機構）軍による空爆だった。なぜ優勢だったセルビア人勢力が敗北することになったのか。そこにＰＲの影が見え隠れする。ボスニア・ヘルツェゴビナ政府はアメリカの大手ＰＲ会社、ルーダー・フィン社の幹部社員だったジム・ハーフにPR業務を依頼。この地域紛争の情勢にはアメリカの民間PR会社が大きく関わっていたのだ。高木徹著『ドキュメント戦争広告代理店〜情報操作とボスニア紛争』に詳しいが、そのやり方はただ一点を除いて極めて真っ当だった。丁寧な情報発信と誠心誠意なメディア対応。次第にローカルな民族紛争だったボスニア・ヘルツェゴビナ紛争は国際社会の関心を高めていく。

ボスニア・ヘルツェゴビナ紛争勝利のトリガーとなったのは、ルーダー・フィン社が行ったセルビア人によるボシュニャク人およびクロアチア人に対する攻撃を「民族浄化」と名付け、広めるキャンペーンだった。キャンペーンといっても古典的なプロパガンダである政府による放送やビラ撒きではない。自身は報道メディアに情報を発信するのみだった。

「民族浄化」というレッテルを貼り、様々な情報や写真を欧米の報道各社に丁寧に発信していった。それだけだ。多くの人に知られるように報道するのは自身ではなく欧米メディアである。実際は、同様もしくはそれ以上の攻撃をボスニア・ヘルツェゴビナ政府は行っていた。しかし、PRは自身に有利な情報のみを広く知らせるのがミッションである。中立はない。セルビア人の攻撃を「民族浄化」と名付けるならば、ボスニア・ヘルツェゴビナ政府の攻撃も「民族浄化」だ。しかし、PRはそんなことはしない。一方的に相手の行為を「民族浄化」と喧伝するのみだ。

国際社会はこの「民族浄化」というセンセーショナルな言葉に敏感に反応した。まず、この「民族浄化」を大々的に報道したのはイギリスのテレビ局だった。ルーダー・フィン社は思っただろう。「オレたちには間違ったところは一つもない。セルビア人が蛮行を行っているのは事実だ。同じことをボスニア・ヘルツェゴビナもやっているって？　だったら自分で調べればいいじゃないか。あなた方は報道機関だろ。オレたちはＰＲ会社だ」と。以降、雪崩を打つようにして欧米メディアはその非人道的なセルビア人の蛮行を報じていく。そして、国際社会の制裁もやむなしという空気がつくられ、ＮＡＴＯ軍による空爆につながる。

この事実をどう考えればいいのだろうか。「うまいやり方だ、これは使える」と思うのか、それとも「こういう悲劇を防ぐにはどうしたらいいのか」と思うのか。僕は、混乱に乗じて楽天的に語られる新しい手法に対しては、まず警戒心を持って接するように心がけている。その裏側を必ず考えるようにしている。これはポジティブ、ネガティブといった自己啓発的な文脈とは違う別の態度だ。

00年初頭から続く、こうした広告の混迷と広告とは別の手法の台頭を、僕は文字通りにはとらえていない。もはや非広告的手法であるＰＲは、強力に広告的効果を指向するようになってしまった。広告的効果を発揮する限り、それは広告である。であるならば広告的効果を指向する何かも、広告の原則とその倫理を備えなければならない。そして、時に対立概念として広告とともに連携することで健全な企業コミュニケーションを実現する、本来の意味でのＰＲとは何かを問い直すことが求められる。

ここで、本来のPRの役割とは何かを考察した連続性のある2つの記事を紹介したい。まずは、連載で書いたものから。

モスバーガー「貧すれば鈍す」痛々しい期間限定バーガー広告

ひと目観て、痛々しいと感じた。つまらない、くだらない、の類ではない。この奇妙な感情はいったいどこから来るのだろうか。

モスバーガーのCMが流れている。「ご当地モス」と名付けられた期間限定バーガーの告知広告だ。

ひとつは兵庫県東播磨地域にある加古川市のご当地グルメ「かつめし」をアレンジした「デミグラ牛カツバーガー」、もうひとつは静岡県駿河湾名産の桜えびをコロッケにした「桜えびコロッケバーガー」。

前者は吉本新喜劇のような大阪の大衆喜劇をモチーフに、後者は〝聖子ちゃんカット〟と言われるヘアスタイルをした若い女性が1980年代アイドル風にそのおいしさを伝えている。

双方ともに吉本新喜劇の劇団員や現役アイドルといった〝本物〟は出てこない。単なるパロディー、つまり〝偽物〟である。

そもそも、なぜ加古川で吉本新喜劇なのか、桜えびで80年代アイドルなのか、ツッコミどころに事欠くことはない。

マクドナルドで同様の企画があったが、そこでは期間限定バーガーのプロモーションのベースに、芸人・今田耕司が率いるマクド軍と女優・平愛梨が率いるマック軍が東西で異なるマクドナルドの愛称はどちらが正しいのかをめぐってバトルを繰り広げるというギミックがあった。

東のマック軍が推す東京ローストビーフバーガーの品質と広告表示をめぐり、消費者庁から措置命令を受けるなど大きな課題を残したが、クリエイティブだけを抜き出すとモスのCMとは雲泥の差がある。「ご当地モス」という企画が第４回であることを考えると、モスが早かったのだろう。パクリではない。

しかし、これではモスがマクドナルドの人気企画に便乗したかのように見られてしまう。しかも、広告はマクドナルドの劣化コピーでさえない。

モスのウェブサイトを見ると、〈地産地消〉〈地元の名物・食材〉などかなり真面目なキーワードを掲げ、各地のモス店舗から商品アイデアを募集。応募総数は２６５１件。その中から選ばれたものであることが分かる。少なくともおふざけ一辺倒の企画ではない。

加古川名物「かつめし」を知る人なら必ず思うことがある。なぜ、ライスバーガーではないのだろう。

その疑問に対する言い訳も書いてある。今回は〈バンズを使用した商品〉というテーマとのこと。

問い合わせが多いからか、わざわざ赤文字にしてある。売れ筋ではないとか、コストに見合わないとか、いろいろ思惑があるのだろう。

しかし、であれば「かつめし」を選ばなければいいだけの話ではないか。

何よりも地産地消をテーマに各地の店員にアイデアを募り商品化する、モスらしい企画を、なぜああいうふざけた演出で表現しなければならないのだろう。

理解に苦しむ。要するに、すべてにおいて詰めが甘いのだ。

食中毒事件や韓国現地法人による〈日本産食材を使用しておりません〉という広告表記を巡る炎上を例にとるまでもなく、この詰めの甘さは致命的だ。「貧すれば鈍す」と突き放すこともできる。だが、まだライフは尽きていないという思いもある。赤字転落とはいえ、まだわずかな希望は残っている。

モスバーガーは今こそ自らを問い直すべきだろう。

「池本孝慈の超広告批評」（ZAITEN19年1月号）

続いて、この連載の翌月に発売されたZAITEN臨時増刊号『世間の常識 企業の非常識——その時、広報担当はどう動くべきか』に寄稿した文章だ。この間にクリスマス商戦があった。ご当地バーガーのキャンペーンが終了し、モスバーガーは新たに企業広告CMを放映している。

「企業ブランド」の再考で広報は何をすべきか

〈我が信条〉とタイレノール事件

企業不祥事が起こると「ブランド失墜」という言葉がよく使われる。

２０００年の雪印乳業大阪工場で製造された牛乳を原因とする集団食中毒事件では、記者会見を求める記者たちの前で〈そんなこと言ったってね、私は寝ていないんだよ〉と、こともあろうか石川哲郎社長（当時）が応答してしまった。

ワイドショーは連日、その瞬間を繰り返し流し、コメンテーターはその言葉尻を捕まえ、執拗に揶揄し続けた。

僕は雪印大阪工場があった大阪市・都島で生まれ育った。小学校の頃は社会見学に訪れたりした思い出深い場所だ。工場正門には牛乳瓶とアイスクリームのパッケージを模した巨大な立体広告物が建っており、遠くからもよく見えた。子どもたちは、それを憧れの眼差しで見上げた。

そこには、雪の結晶をデザインしたロゴマークと「ＳＮＯＷ　ＢＲＡＮＤ」という文字が誇らしげに配されていた。

大きな工場とそのロゴマークは我が街の自慢だった。

しかし、騒動で睡眠不足だった当時の社長がテレビカメラの前で口を滑らせた一言で、そのすべてが消え去った。

雪印乳業は03年に日本ミルクコミュニティに名を変え、製造・販売される牛乳は「メグミルク」というブランドになった。

その後、吸収合併を経て雪印メグミルクとなり、スーパーやコンビニに並ぶコンシューマー商品においても雪印ブランドを目にするようにはなってきたが、あの頃の輝きはない。

子どもの頃に慣れ親しんだ大阪工場は跡形もなく消えた。今はその同じ場所に高層マンションが建っている。

また、雪印とは逆の例もある。

優れた危機対応として広報の教科書にも必ず出てくるジョンソン・エンド・ジョンソン「タイレノール事件」である。

1982年、米シカゴ近郊で頭痛薬タイレノールを服用した人たちが次々と突然死するという事件が起こった。この時、ジョンソン・エンド・ジョンソンがとった行動は、まずマスコミを通して〈タイレノールを一切服用してはならない〉と自らが率先して全米にアナウンスすることだった。衛星放送、新聞、専用フリーダイヤルなど、あらゆる手段を使って情報発信に努め、テレビでの注意喚起は12万5千回にも及んだという。

東京・西神田にあるジョンソン・エンド・ジョンソン日本法人本社ロビーには〈我が信条〉という経営哲学が英文とその日本語訳が今も掲げられている。

これは第2次世界大戦最中の43年につくられた言葉だ。

この危機的状況で社長、経営陣、社員、協力会社に至るすべての人々が、迅速かつ適切な対応ができたのは、〈我が信条〉と名付けられた経営哲学が周知されていたからだと言われている。

結局、何者かがシアン化合部を混入したとされた同事件だが、犯人逮捕には至らず未解決事件となった。しかし、異物混入を防ぐために製造工程の見直しと、パッケージの徹底的な改良が行われ、2カ月後には事件前の売り上げの約8割を取り戻した。

かくして、ジョンソン・エンド・ジョンソン、そしてタイレノールのブランドは守られた。

現在でも、タイレノールは米国で最も愛用されている頭痛薬ブランドのひとつとして多くの人々に親しまれている。

自分が何者であるかの理解が明暗を分ける

「ブランド」とは何だろう。

世界の名だたるデザイナーを集結し、コンペティションを実施し、幾度もの会議を重ねて制作された芸術的な商標のことだろうか。それとも潤沢な予算を投入し、有名クリエイターが魂を込めてつくった感動的なブランドＣＭのことだろうか。

違う。それはブランドを形成する「一要素」に過ぎない。

前述した2つの事例で言えば、当時の雪印社長が発した〈私は寝ていないんだよ〉という愚痴も、ジョンソン・エンド・ジョンソンが全米に向けアナウンスした〈タイレノールを一切服用してはならない〉というメッセージも、ブランドの一部だ。

雪印がメグミルクに名前を変えたところで、芸能人が心機一転、芸名を変えるくらいの効果にしかならない。

正のイメージであれ、負のイメージであれ、これまでの記憶は消費者の心の中に保持され続ける。いかなる方法でも、その記憶をリセットできない。法律では、企業を自然人と同様、責任主体として見做すために法人と呼ぶが、企業やブランドを人に擬えた時、その人格の総体こそがブランドである。

広告業界人は、とかくブランドという概念を美辞麗句で固め、高尚で神秘的な概念のように語りたがるが、つまるところブランドとは〝人柄〟なのだ。

かつては揺るぎなき存在だった雪印ブランドは落ちるところまで落ちた。逆に言えば、そこから一歩ずつ信頼を回復していくしかないという意味において、ブランドとしてはやりやすい状態であるとも言える。

理想のブランドとして語られるジョンソン・エンド・ジョンソンはイメージの貯金をたくさん持ってはいるが、逆に、何かひとつでもそのイメージを裏切ることをすれば、他の企業なら無視される小さなことでも、ときには大きなダメージになるという言い方もできる。

それは「人」と同じだ。一度、底を見たものは強い。逆に、偉くなればなるほど、その名声の分だけ人は不自由になる。

しかし、ただひとつ確実に言えることは、雪印とジョンソン・エンド・ジョンソンの命運を分けたものは「自分が何者であるか」を理解していたか、いなかったかである。

少なくとも、ジョンソン・エンド・ジョンソンは82年の段階で、自分が何者であるかを深く言葉で理解し、その理念が社長をはじめ、全社員に浸透していたということだ。

企業広報が意識すべきは、自社＝自分はどういう「人」であるか、どういう「人」だと思われているかを統合的かつ多角的に理解し、正確にとらえることだ。

ビジネスとしては現在では縮小し、誰も熱心に語らなくなってしまっているが、今、見直されるべきことは、バブル期に興隆したコーポレート・アイデンティティー（ＣＩ）という考え方ではないかと思う。とはいえ、かつてのように何億もの予算をつけてＣＩをやれ、ロゴデザインを刷新せよ、と言いたいわけではない。重要なのは「ＣＩ的な発想」で企業広報のあり方を見直し実行するということだ。

ＣＩは、デザインや広告などの視覚的な同一性を表すビジュアル・アイデンティティー＝ＶＩ、行動規範や態度の同一性を意味するビヘイビア・アイデンティティー＝ＢＩなど、様々な要素を統合させた、企業のブランドイメージの同一性を表す概念である。そこには、自らが規定するものだけではなく、過去、その企業がどう思われてきたかという「人々の記憶」や、何を求められているかという「人々の期待」といった外部社会が規定するものも含む。

そのイメージの総体を意識することで、例えば、危機的な状況に陥ってしまったときに、何をどうするべきなのか、どこまで対処し続けることが適切なのか、が導き出される。

「人」はそれぞれ違う。

どういう人が正しいのかという問いが愚問であるように、どういう広報が正解なのかもまた、企業によって違う。より抽象的な概念の説明は専門書に譲ることとして、現在進行形の具体的事例で、CIという概念を広報の中心に置くことで何が見えてくるかを明らかにしていきたい。

現在、モスバーガーは食中毒事故や韓国法人の広告表記を巡る炎上などで、かつてない危機に見舞われている。2018年4〜9月期決算では11年ぶりに赤字転落した。

モスバーガーの事例をCI視点で読み解く

CIを軸にモスバーガーというブランドを見ると、かつての安心・安全・環境をテーマに打ち出した〈緑モス〉戦略や、食材を生産する農家やその食材が登場する企業広告に象徴される意識の高さが、その中核にあることは疑いがないだろう。

そうしたイメージを軸にして、少し歩いてでもモスに行きたいという消費者意識が醸成され、駅前から少し離れた賃料が比較的安い立地に出店する戦略が成り立ってきた。また、ライバルであるマクドナルドやロッテリアよりも少し高い価格戦略も可能になった。

つまり、モスは人に例えるならば、多少の労があっても会いに行きたい〝特別な人〟だった。

長年培われたそうしたイメージはたとえ〈緑モス〉戦略が頓挫し、低価格指向のトレンドに対応するため、高級路線から降りたいと本人が願っても、すぐには払拭されない。

当然だろう。そのイメージのおかげで、出店コストの削減や高価格戦略がもたらす、いくつもの経営的なメリットを長年享受してきたのだから。

長年積み重ねられた経営システムは、マクドナルドのようなフレキシブルな価格設定を簡単には許さないだろう。

『ＺＡＩＴＥＮ』19年1月号の連載「超広告批評」でも取り上げたが、期間限定商品のデミグラ牛カツバーガー、桜えびコロッケバーガーの〝おふざけＣＭ〟くらいでは、易々と人の心は変わらない。普段はマジメ一辺倒の人が冗談を飛ばして周囲に引かれるように、柄にもない急な路線変更は戸惑いを与えるだけだ。

かつての〝特別な人〟のイメージは残り続け、モスバーガーにとってプラスに働くと同時に、ビジネスモデルの転換に喘ぐ現在においては、また〝重荷〟にもなっているといえる。

18年8月に関東・甲信越の店舗で発生した腸管出血性大腸菌Ｏ１２１による食中毒事件では、メディアの追及は異様なほど少なかった。

これは、これまでのモスが培ってきたブランドイメージの蓄積がプラスに働いた典型例だろう。仮に、これがマクドナルドであったとしたらどうなるかを想像すればいい。

しかし、メディアの手ぬるい態度に甘えてなのだろうか、モスバーガーの対応は遅く、薄かった。

韓国内ではモスバーガーの商品に、国内で輸入禁止の規制がかかっている日本食材が使われているのではないかという噂が出回った。トレーマットに〈安心してお召し上がりください。モスバーガーコリアは日本産の食材を使用しておりません〉と記載したことをめぐって日本国内で炎上した際も、取材を行ったメディアに釈明をするにとどまっている。

報道を見ると、韓国法人は別経営で日本本社はその事実を把握しておらず、戸惑っているということが強調されていた。

しかし、CI視点で見ると、どちらのケースもモスバーガーのブランドを構成する数多の要素の中でも、その中核をなす領域で起きたものだ。

メディアの甘い態度に乗ってはいけなかった。

食中毒事故では、経営陣が率先して何らかの責任を負うことによって、社会に対して企業としてのポジティブなメッセージを送るべきだった。

また、韓国法人の件は、杜撰なガバナンスが明るみになったのみならず、その表記のあり方から食材に対する安全・安心についての思慮の絶望的な浅さを示してしまった。

これは、モスバーガーが過去に行ってきた優れた広告活動がすべて嘘だったと告白しているに等しい。広告に登場してきた日本の農家の方々にどう説明するつもりなのだろうか。

少なくとも「韓国法人は別会社で日本の本社は把握していなかった」という釈明で済ますべきではなく、韓国法人との契約を解除するくらいの厳しい決断も視野に入れるべき事態だったと思う。

他の企業にとっては単なる炎上事案かもしれない。しかし、モスバーガーの場合は、その企業アイデンティティーの本質を揺るがす大不祥事である。それをどうして認識できなかったのだろう。

つまり、ＣＩの意識が欠如しているのだろうと思う。

食中毒の被害者にとっては不快な話だろうが、経営的な部分だけに焦点を絞るならば、この事例ほど、タイレノール事件の成功例を実践できるケースはなかったはずだ。にもかかわらず、モスにはできなかった。

それが残念でならない。

モスバーガーはこれまでのイメージの貯金を費やした代わりに、「さすがはモスだね」と思われる、ブランド力向上の機会を逃してしまったのだ。

同稿執筆中の18年12月中旬、テレビでは企業イメージ向上が目的のＣＭが流れている。

トマトを切り、レタスを洗い、ハンバーグパテをタレにからませ、ミートソースを煮込む映像が淡々と流れる中、優しい声をした女性によってこんなメッセージが語られている。

〈あなたを思う。あなたの笑顔を思う。あなたの幸せを思う。だから、一つひとつをちゃんとする。あなたにおいしい幸せを届けたい。モスバーガー〉

クリスマス商戦の幕開け、ケンタッキーをはじめとするライバルが楽しげな広告を投下する時期に、フランチャイズで経営しているモスの店長たちは、モスバーガーの運営に対して果たしてこんな〝ゆるふわ〟ポエムＣＭを望んでいただろうか。

危機対応広報が〝ちゃんと〟していないから、主力であるモスチキンの周知、訴求を図らなくてはならない大切な時期に、何かを語っているようでいて、その実、まったく何も語られていない、空疎な企業CMで埋め合わせなくてはならなくなる。

これだけの予算があれば、やれることは他にいくつもあっただろう。

ただ、不幸中の幸いは、不祥事ですべてを失ったかつての雪印と違い、モスバーガーにはまだ挽回の機会がわずかながらに残っていることだ。

きちんと調査したわけではないが、メディアを含めた世間の印象としては、多くの消費者はまだモスバーガーに愛想を尽かしていないように見える。

これまで培ってきたプラスイメージの貯金もわずかに残る今が最後のチャンスだろう。

再考を期待したい。

企業広報のために必要な「明文化」

コーポレート・アイデンティティー（ＣＩ）という視点で自らを見つめ直すことは、これからの企業広報の鍵だろうと思う。メディアの細分化により、広告だけでなく、企業広報の仕事も細分化されている。広告と広報の領域が曖昧になり、戦略ＰＲに象徴される〝攻めの広報〟が喧伝されている。

しかし、広報＝ＰＲの意味をもう一度思い起こして欲しい。誤解されがちではあるが、ＰＲは「Public Relation」の略であり、決して「Promotion」の略ではない。広報の本質は、企業の健全かつ永続的な活動のため、社会と企業の良好かつ適切な関係を保ち続けるための活動であり、広報と広告は密接な関係を保ちながらも、時には対立概念として立ち現れる。どのような時代においても、この本質は変わらない。ボスニア紛争で注目された戦時プロパガンダにもつながる戦略ＰＲが、あたかも〝使えるＰＲ〟として喧伝されるような節操のない時代だからこそ、広報と広告の違いを理解することは大切だと言えるだろう。

そして、自社の企業広報のあり方を再考するためのツールとして、ＣＩという概念はかなり役立つだろう。それは同時に、企業広報という視点で自社の広告活動を今一度見つめ直すことにもつながるはずである。ＳＮＳの発達と普及により、広告をめぐる炎上が増えている。その多くは、人々から「この人はこういう人なんだ」と思われている範囲を超えて、広告メッセージが暴走したことから発生しているように思う。簡単に言えば「おっ、あいつこんなこと言ってるぜ。おかしくね？」から炎上は始まる。

企業広報は、外部社会との良好な関係を保つことと同時に、内部の各部署との関係においてもその役割を担う。企業で広告部門の暴走を食い止められるのは、究極的に言えば、社会との関係を専門業務とする広報部門だけだ。企業広報が主体となってＣＩという視点で自らを見直す意義は高い。

その際に大切なのは、何よりも「明文化」である。

経営者や広報部門だけが理解している状態では不十分だからだ。広告部門をはじめとする、すべての従業員が共有するためには言葉が必要不可欠になる。

前述のジョンソン・エンド・ジョンソンの〈我が信条〉が制定された1943年当時には企業がCSR（企業の社会的責任）を宣言することは画期的なことだった。検索すれば容易にその全文を参照できる。もちろん、時代は変わり、真の意味での自己認識には人々からどう思われ、何を期待されているかを理解し、考慮に入れる必要があるが、まずは、これを自社に置き換えるとどうなるかを考えてみるのは有用だろう。

本稿が御社の企業広報のあり方を見直すきっかけとなれば幸いである。

「ZAITEN19年2月臨時増刊号」

PRの役割とは

繰り返しになるが、PRはPublic Relationの略であって、Promotionの略ではない。単にPRが広告的に機能し、プロモーションとしても役立つだけだ。インターネットが誕生し、個人が自身のメディアを持ち情報発信するようになった今、企業の不祥事は以前のようには隠せなくなってきた。企業広報は不祥事が起こったとき、報道を控えてもらうように各メディアに根回しすることが行われているのも推奨できることではないが、紛れもない事実だろう。パブリック・リレーションは、公共的な領域における良好な関係性の維持を本質とする企業コミュニケーションだ。その公共の中にメディアも含まれ、不祥事のような企業の危機管理のためにも日頃から良好な関係を保っていくことが重要となることは言うまでもない。しかし現在は以前と比較にならないくらい危機管理が難しくなってきている。広報の役割は、より大きくなってきていると言えるだろう。

数年前から流行し、一時期はバズワードのように喧伝されていた「戦略ＰＲ」という言葉がある。これは、戦略的に達成すべき課題を設定し、その目的に沿って広報的手法を駆使して、広報により広告的な機能を持たせることで、経営的な目標達成のためにＰＲを活用していこうという考え方だ。基本的には、ボスニア・ヘルツェゴビナ紛争で用いられたＰＲ手法と同じようなものだ。戦略的なＰＲによって世間に自分に好ましい空気を醸成し、目的を達成する。それは戦争に使われようが民生的に使われようが、構造的には変わりはない。

ＰＲは、そのようにも使える。事実だ。僕はＰＲにはそのようなことができないとは言わない。しかし、ＰＲがそのような強い広告的目標を持ってしまうと、自身が危機に見舞われたときに上手く立ち回ることができないようになってしまう。意図的に醸成した空気は、一度風向きが変わっただけで自身に牙をむく。一度、広告的思考に支配された広報は、ＰＲの本質である公共的な領域における良好な関係性の維持を目指す活動などできはしないだろう。人間は連続性と一貫性を持った存在なのだから、そう簡単に切り替えられるわけはない。

僕は、戦略ＰＲは広告だと考えている。広告のやり方に広報的な手法を使っただけである。であるならば、広告に求められる倫理と原則が戦略ＰＲに求められるのは自明だ。現に、時代はそのように動いている。有償でメディアに自身が望む推奨記事を書いてもらうことをペイド・パブリシティーと言うが（これは形容矛盾で有償であれば、どのような形態を取ろうとも原則的に広報ではなく広告である）、有償の広告であることを明示せずメディアの自発的記事を装うペイド・パブリシティーは以前のようにはできにくくなってきている。新聞や雑誌などの従来メディアにおいては古くから〈記事広告〉や〈広告特集〉といった表記は以前から必要とされてきたものの、これまでは内々の関係でやり過ごしてきたが、このご時世、そうもいかなくなってくるだろう。

だが、抜け道はいくらでもある。その抜け道を使うかどうかは企業次第だ。しかし、繰り返しになるが、今の世の中、些細なことでも不正はバレることを認識しておいたほうがいい。そのリスクを取って消費者を欺くかどうか。答えは言わずとも分かるだろう。

〝誰も喜ばない〟企画でフジテレビの犯した広告の大原則

フジテレビがまたやってしまった――。

（2017年）3月4日、〈地上波初登場ノーカットでオンエア〉と称してディズニー映画『アナと雪の女王』を放送した際のことだ。

放送日前には『めざましテレビ』や『ミュージックフェア』等でアナ雪を特集、直前には『アナ雪が１００倍面白くなる！　ディズニーの知られざる秘密スペシャル』という2時間半にも及ぶ特別番組を編成といった念の入れようだった。

鳴り物入りで放送されたアナ雪だったが、それはエンディングで突然始まった。本来ならＭａｙＪ．が歌う『レット・イット・ゴー～ありのままで～』が流れるはずだったシーン。しかし画面に映し出されたのは、一般のおっちゃん、おばちゃん、子どもたち、フジの番組に出演している芸人やアナウンサーが歌う姿だった。

何してくれとんねん！　こんなん誰が喜ぶねん！

恐らくは一部の映画館で行われ話題にもなった「みんなで歌おう」版をテレビで再現ということだったのだろう。でもなぁ、そんな企画、普通はボツにするでしょ……。これを観て映画館と同じように視聴者が歌うと思っているとすれば、相当に世間の感覚とズレてしまっている。

１９８０年代に〈楽しくなければテレビじゃない〉というスローガンを掲げて絶好調だった頃の成功体験に囚われたフジテレビにはもう見えなくなってしまっているのかもしれない。

世間と隔絶された会議室で話される〝楽しさ〟はあの頃の〝楽しさ〟に過ぎない。そこに見えるのは「こういうの楽しいだろ？　こういう楽しさを楽しめる社会にもう一度戻るべきだろ？」という悲痛な叫びだけだ。しかし、その叫びは虚しく空を切り、応えるものは誰もいない。

百歩譲って、営利企業である民間放送が行った試みが、世間に受け入れられなかろうが自由だとしても、フジテレビが行ったアナ雪改変にはもうひとつの見過ごせない問題点がある。それは「広告とコンテンツの問題」だ。

フジテレビが放送したアナ雪のエンディングの不快さの根本にはコンテンツに巧みに広告が混ぜ込まれたことによる忌避感があるからだろうと思う。

歌った一般の人たちは、フジテレビの募集に応募した人たちであり、芸能人たちもフジテレビと何らかの契約関係にある人たちだ。象徴的なのは、フジテレビの女子アナウンサーたちが喜々として歌うシーンだ。意味するものは「みなさんに愛されるフジテレビ」だ。それを広告と呼ばずに何を広告と言うのだろう。

フジテレビは世界的に大ヒットした映画『アナと雪の女王』という第一級のコンテンツに自社の広告を混ぜ込んでしまったのだ。広告とコンテンツは分離が大原則だ。なぜなら、それは広告がメディアの信頼性を破壊するからだ。

民間企業であるフジテレビが何をしようと知ったことではない。でも、民間放送というシステムを破壊する権利は、あなた方には絶対にないはずだ。


「池本孝慈の新広告批評 これ、あかんヤツやろ。」(ZAITEN17年5月号)

広告とコンテンツの分離

20世紀最大の発明は「広告モデル」だと僕は思っている。収益モデルとしての「広告モデル」がなければ今の情報環境はなかっただろう。広告がなければ新聞や雑誌はもっと高額だったし、ラジオやテレビもこれだけ普及しなかったはずだ。企業からの広告料を主な収入源にしている民間放送が始まったからこそ多様性が担保され、より多くのニーズに応え、裾野を広げることで今の発展がある。広告を収益モデルにしない公共放送であるＮＨＫしかなければ、テレビはこれだけ普及しなかっただろう。ちなみに、あまり知られていないことではあるが、公共放送ＢＢＣが中心のイギリスではＮＨＫとは違い広告を受け入れている。受信料と広告収益によって多チャンネル化を進めている。広告モデルがなければ、これほどの情報がラジオやテレビ受信機から日々流れている日常はない。

この広告モデルの維持で重要になるのは広告とコンテンツの分離だ。コンテンツとは直訳では内容、中身。少し解説をすると、コンテンツはコンテナという言葉に対応する。つまり、コンテナに入っている荷物がコンテンツとなる。メディアの文脈では、コンテナであるラジオやテレビであればコンテンツは放送番組、新聞や雑誌であれば記事を指す。広告の場合も、例えばＣＭは広告コンテンツと呼ばれるが、テレビをコンテナと考えると、テレビは放送番組を入れるためのコンテナであり、そこで流れるＣＭはこのコンテナを維持していくための外部サービスとして載せているに過ぎない。CMがなくてもテレビは成り立つが、放送番組がなければテレビではない。ここでは広告媒体におけるコンテンツと区別して、放送番組や新聞記事、雑誌記事などをコンテンツと呼ぶこととする。

例えば新聞のニュース記事の内容が、どこかの企業がお金を出して、その商品なりブランドなりが有利になるようにつくられていたとすればどうなるだろうか。新聞は信用されなくなる。雑誌、ラジオもテレビも同じだ。

僕は、メディアがメディアであるための重要な要件は公共性だと考えている。NHKは文字通り公共放送で、公共の幸福に資するために放送業務を行うことと決められている。つまり、NHKは公共放送であることが公共性を担保している。よくNHKのことを国営放送と呼ぶ人がいるが、これは誤りだ。戦前は国営の性格が強かったが、それでも社団法人として設立。1950年、放送法が公布され、特殊法人となる。国営であったことは一度もない。

公共放送であることが公共性を担保することでNHKはメディアである。民間放送はどうだろうか。それは広告だと僕は考えている。広告があり、広告とコンテンツが分離されることで民間放送は公共性を担保する。民間放送局がその放送番組において反公共的であれば、企業はそんな放送局に広告は出さないだろう。また、民間放送局が特定の企業に有利になるように自らの放送番組をつくり出したら、視聴者からの信頼を失い視聴率が下がる。それは、企業にとっては広告媒体としての価値の低下を意味する、広告というコンテンツとは異質の概念が導入されることで、あえて広告とコンテンツを分離することで生まれる緊張感が公共を担保している。

「広告のないメディアもあるではないか」という意見もあるだろう。それはメディアの定義によるだろうが、僕が考える文脈において、〝広告のないメディア〟はメディアではなく機関紙・誌である。戦中の日本軍の海外向けプロパガンダ雑誌『ＦＲＯＮＴ』は機関誌だし、大政翼賛会で活躍し、戦後に雑誌編集者となった花森安治がつくった『暮しの手帖』は、広告を取らないという一点において、花森の意図とは関係なく機関誌的な意味合いが濃い。創価学会の出版部門・聖教新聞社が発行する『聖教新聞』は機関紙と見做されがちだが、「広告を取る」という一点で新聞の指向性を持っている。その意味からも、彼らは「聖教新聞は機関紙ではない。新聞である」と言うだろう。

20世紀、社会に大きな貢献をしてきた「広告モデル」という発明は、「広告とコンテンツの分離」という原則によって成立している。これは原則であるから、社会が許容する範囲での逸脱もあるだろう。しかし、それは少し羽目を外す、あるいはご愛嬌といった性格のものだ。「これからの時代は広告とコンテンツが溶け合う時代なのだ」と真っ向から広告とコンテンツの分離という原則に反旗を翻す行為は、メディアである自身の否定だ。

ネイティブアドの限界

これはテレビ広告の文脈ではなくネット広告におけるアド・テクノロジーと呼ばれる分野から出て来たものだが、「広告が広告らしい姿形や表現をしている限り広告は見られない、特に広告が嫌われるネットにおいては顕著だ。であるならばコンテンツと広告がシームレスに負荷なく見られるためには、広告はコンテンツと同じように振る舞わねばならない」という考え方がある。「ネイティブアド」と呼ばれる。文字通り自然な広告という意味である。

これは、広告は嫌われているという発想から生まれた概念だ。ウェブサイトにおいてディスプレイ広告は邪魔な存在でしかない。ニュースサイトで様々なニュースを探っている時に広告にその流れを遮られてしまうのは、広告主にとっても利益にならない。ならば、ニュースサイトのひとつひとつの記事と同じフォーマットで広告を掲載し、広告だと分からないように広告を読ませればいいのではないか。そういう発想だ。ＳＮＳの登場によって、量産されるウェブコンテンツがニューストリームとしてタイムラインに流れるようになってきた。そのウェブの現状に合わせていこうというのがネイティブアドの方向性だ。

近年、芸能人がお金をもらって特定商品を褒めるブログ記事を書くといった、いわゆる「ステマ騒動」が増えている。謹慎に追い込まれる芸能人もいる。ステマとはステルス・マーケティングの略で、ステルス戦闘機のように見る人に広告だと気付かれないように広告であることを明示せず、ブログ記事などのコンテンツに偽装する広告手法のことだ。これは当然、違法な手法である。

そこで、「ネイティブアドって所詮はステマではないか」という意見が出る。その意見に、ウェブ広告のプロフェッショナルが「こいつは何も分かってない。そもそもネイティブアドの定義は……」と食ってかかり不毛な論議が延々と続く光景をネットで何度も見た。

ネイティブアドはステマではない。なぜなら、それは形態についての概念だからだ。しかし、その概念の目指すところを突き詰めるとステマになる。完全な失敗例ではあるけれど、『アナと雪の女王』のクライマックスで突然フジテレビのアナウンサーが歌い出すのは、まさしく「テレビ版ネイティブアド」だった。これを失敗なく特定の広告主の意図を忍び込ませれば（例えば映画の中で飲まれている飲み物を、特定のブランドにそれとなく改変する等）、それは、ステマになる。つまり、「ネイティブアドって所詮はステマではないか」という素朴な感想は、語る論理軸は異なるが、本質を射抜くものだと言える。

ネイティブアドには限界がある。その限界は、広告がコンテンツと分離していると感じられるギリギリまでだ。ネイティブアドは、ニュースサイトにおいて普及した。やはり広告とコンテンツの分離原則において問題がいくつも出た。これ以上問題が大きくなると自由でユーザーの自治が働くネット空間に国の規制が入ってしまうというタイミングで、一般社団法人日本インタラクティブ広告協会（ＪＩＡＡ）がネイティブアドについてのガイドラインを出した。表示面では広告であることの表示が義務付けられることになった。これが現段階における落とし所ということだ。

現在、ウェブサイトに表示されるネイティブアドには見えるか見えないかの小さな文字で［ＰＲ］などの表示がされている。このＰＲはPromotionの意味だろう。より広告っぽさがなく公共性を感じられるPublic Relationの略だと誤認させたいのだろう。こういう部分に、広告をコンテンツに偽装しようという意図が透けて見える。一方、日本パブリックリレーションズ協会はネイティブアドにおける広告表記について［ＰＲ］は推奨しないと発表した。これは逆に誤認を避けたいとの意図だろう。ネイティブアドの広告表記をめぐる混迷は続いている。

日本大学アメフト部　広告化した学生スポーツが引き起こした悲劇

日本大学アメリカンフットボール部員による危険タックル問題は広告の問題でもある。周知の通り日大の広報対応は拙い。しかし、ここでは取り上げない。

広報は組織のガバナンスと不可分である。あの組織にしてあの広報。それ以上はない。組織が駄目なのに広報だけ優れていることはあり得ない。つまり、ここで語るに足らない。

なぜ日大アメフト問題が広告の問題なのか。

手元にインターネットの接続環境があれば〝日大フェニックス〟で検索して欲しい。「日本大学保健体育審議会アメリカンフットボール部ＰＨＯＥＮＩＸオフィシャルＷＥＢサイト」という名のページが見つかるはずだ。

事件以来、オフィシャルグッズ販売が休止され、派手なコンテンツが削除された模様だが、それでも以前の雰囲気は残している。

これを見てどう感じただろうか。

まるでプロスポーツである。大学の課外活動であるアマチュアスポーツの域を超えている。補足しておくと被害側の関西学院大学のアメフト部である「ＦＩＧＨＴＥＲＳ」も同様だ。

つまり、大学においてアメリカンフットボールという学生アマチュアスポーツは大学の広告塔として存在しているということだ。

日大は〈スポーツ日大〉という身も蓋もないスローガンでブランディング活動を行っていた。その極度にスポーツに依存した大学経営と広告化した学生アマチュアスポーツが結びついて起こった悲劇。それがこの事件だと言える。

会社に擬えて言えば、日大においてアメフトは広告活動であり、経営側の実質的ナンバーツーだった内田正人前監督は社長直轄広告部長、井上奨前コーチは現場を仕切る課長だろう。そして、大学生である日大アメフト部の選手たちは平の広告部員である。

では、日大の経営とは何ら関係のない学生である選手たちの報酬は何だったのか。それは選手たちの将来であり、その行き着くところは就職であったと言えるのではないか。

広告には広告の目的があり、アマチュアスポーツにはアマチュアスポーツの本分がある。大学アマチュアスポーツが広告になったとき、広告の目的はアマチュアスポーツの本分と激しく矛盾し本分を破壊する。メディアが広告媒体としての価値を最大化したとき、メディアとしての公平性や独立性が失われ、メディアとしての死を迎える。それと同じだ。

やがて卒業する学生たちが、自身の将来を決定する就職を握られ、広告活動としてのアメフトの中で操り人形として追い詰められる。生き地獄だ。

これは日大だけではない。関学も含めたすべての大学が抱える問題である。古くは大学野球の早慶戦もある。大学アマチュアスポーツは宿命的に大学の広告を担わされる。これを止めることはたぶん出来ないだろう。であれば広告という魔物が暴走しアマチュアスポーツの本分を食い殺さないための抑止の仕組みが必要だと思う。

現在、スポーツ庁主導で日本版ＮＣＡＡ（全米大学体育協会）の論議が進んでいる。スポーツマンシップという精神論だけで解決できる問題ではない。大学経営や広告を含めた下部構造からの改革が求められる。

「池本孝慈の超広告批評」（ＺＡ－ＴＥＮ18年8月号）

これも、アマチュアスポーツというコンテンツが、日本大学のブランディングを目的とする広告に完全に溶け込んだことで起こった悲劇だ。連載でも触れているが、大学がアマチュアスポーツへの導入を目指す日本版ＮＣＡＡについて補足しておきたい。これは、広告的な文脈において、大筋で言えばアマチュアスポーツが大学の広告として機能してしまうことを自明とした上で、その暴走をいかに防いでいくのか、防ぐためには下部構造としてどのような制度やシステムを組み込むべきなのかを志向した一つの解決策である。

ＮＣＡＡでは大学の広告につながる大学スポーツチームのキャラクターグッズ販売といったプロモーション活動は原則的に無制限ではあるが、その収益の一部はＮＣＡＡに入るような仕組みがある。その一方で、学業とスポーツの両立を図るために大学での学業において一定の成績を収めない学生は出場が停止されるなど、厳しい規制が盛り込まれている。これはアメリカ型の解決であるが、イギリスではアマチュアスポーツが大学スポーツといった学校単位ではなく、大学を含めた地域社会を単位としたクラブチーム制度が発達している。日本の場合はアメリカ同様、学校単位のアマチュアスポーツで発展してきているので、日本版ＮＣＡＡの導入は良いソリューションであると思う。アマチュアスポーツを大学のアピールのため広告的に機能させてはいけないと、出来もしない〝きれいごと〟で片付けてしまうよりずっといい。

何でも欧米が正しいと言うわけではないが、先進国で幾度もの試練を経験してきた欧米社会から学ぶものが多いと感じる。

続いて、ネイティブアドでも戦略ＰＲでもないが、広告が広告であることを隠すことで起きた騒動を見てみよう。

神社本庁ポスター「クレジットなし」は広告のルール違反

今年（２０１７年）の大型連休中、妙なポスターがネットで話題になった。きっかけは「京都のあっちこっちに貼られている。怖かった」というツイッターの投稿で、菅原院天満宮で撮影されたらしき写真が添えられていた。

実はこのポスターがネットで話題になったのは今回が初めてではない。２０１１年に神社本庁が制作し、希望する神社に配布した際も同様の騒ぎになっている。また、「あっちこっちに貼られている」というのは事実ではなく、当時貼られていたものがまだ残っていたというのが実情だ。

ポスターの人物写真はレンタルフォトでモデルは中国人だった。ナチスの宣伝相ゲッベルスが実施した「最も美しいドイツ・アーリア人の赤ちゃん」コンテストで1位に選ばれた赤ちゃんが実はユダヤ人だったというエピソードを連想させる。色々と話題が尽きないポスターではあるが、僕は単純に「あいかわらず脇が甘いなあ」と思った。

神社本庁は、良い意味でも悪い意味でも、美大を出たばかりの未熟なクリエイターに自由につくらせているという感じのポスターが多いことで有名だ。

このポスターで言えば、バックと頰に日の丸モチーフが重複しており、互いに相殺してしまっている。扱いも軽い。ひと昔前なら右翼が街宣車で抗議に来るレベルだ。日の丸もカジュアルになったものだと思う。

論ずるに足らない稚拙な表現ではあるが、一つだけ「脇が甘い」では見過ごせない問題がある。それは、この国旗掲揚を啓蒙するポスターには発信者を示すクレジットがないということだ。他のポスターには「神社本庁」のクレジットが必ずあるが、一連の啓蒙ポスターにはない。ということは、神社本庁は意図的にクレジットを抜いていることになり、そのことが「怖かった」という投稿者の反応を引き起こしている。それはプロパガンダの怖さだ。

新聞、雑誌、テレビ等はクレジットのない広告は掲載できない。なぜか。表現には責任が伴うからだ。クレジットは企業やブランドを誇示する役割を果たすとともに、責任の所在を示すものでもある。現代においては、クレジットは広告の前提であり、アドバタイジングとプロパガンダを隔てるもののひとつだ。

どのような団体が何を言おうと構わない。自由に言えばいいし、日本は自由にモノが言える社会だ。だが、それはルールに則ってやる、ということが原則だ。

近年の広告業界では〝いかに広告であることを隠すか〟がトレンドとなっている。映画やドラマに広告を溶けこませたブランデッド・エンタテインメント、発信元を隠し世論を巧みに誘導する戦略PR、そして一般記事を偽装する悪質な例が多数見られたネイティブアド。どれも最新手法として喧伝された。それはプロパガンダの無邪気で無自覚な応用に過ぎないと思う。

このポスターが「あかんヤツ」なら、ここ数年の広告業界の流れも、みな「あかんヤツ」だと思う。業界人の端くれとして、僕はこのポスターを嗤えない。

「池本孝慈の新広告批評 これ、あかんヤツやろ。」(ZAITEN17年7月号)

これはもう何も補足することはないだろう。

第六章

広告炎上のメカニズムと責任

炎上という社会現象

炎上を語るのは気が重い。炎上はインターネットの登場によって起きた新しい社会現象である。これまでになかった、少なくとも炎上という言葉で定義されるような大きな騒動ではなかった炎上という社会現象は、社会学者を中心にそのメカニズムの解明が進んでいる。その研究の成果をニュースなどでも一度は聞いたことがあるだろう。2016年に出版された田中辰雄・山口真一著『ネット炎上の研究』によると、炎上に関与する人々は、一般の人々が想像しがちな「社会に恨みを持つ低所得者層」といったステレオタイプなものではなく、投稿を実際に調べ、量的な調査をしてみると、「男性が多い、比較的若い、子と同居している、世帯年収が高い」といった傾向が見られたという。

大雑把に言えば、「社会的地位があり、収入が安定していて、かつ知識がある人」というのが炎上関与者の実像だ。当てはまるのは「大手企業の中間管理職」もしくは「若い経営者」といった感じだろう。炎上参加者はネットユーザー全体のわずか0・5%だが、傍観者ともなれば20%程度存在している。ネット炎上を俗に「祭り」と呼ぶが、社会における祭りの実相を考えると、祭りの運営に積極的に関わる者と、その祭りを見に行く者の関係と体感的には同じで、この調査結果には意外性はなく、至極妥当なものだと言えるのではないだろうか。祭りを運営するにはある程度の社会的地位と安定的な収入と能力が必要である。社会に恨みを持つ低所得者層が炎上を起こすというイメージは、ロクでなしが炎上を起こしているはずだという社会の願望、もっと言えば低所得者への偏見がつくった虚像だろう。

ＣＧＭという拡散装置

炎上を考えるときに欠かせないのは、ＣＧＭ＝Consumer Generated Mediaという概念だ。ＣＧＭはコンシューマー、つまり消費者、利用者が生成するメディアという意味だ。新聞や雑誌、ラジオやテレビといった従来型のメディアはコンテンツの作り手と受け手が分離されている。新聞を例にとれば、記者がニュース記事をつくり、編集され、紙面となり、その紙面を読者が読む。一方、ＣＧＭは、読者はそのままコンテンツの作り手でもある。代表的なＣＧＭとして「５ちゃんねる（旧・２ちゃんねる）」を例にとり、考えてみよう。

５ちゃんねるはフロー型電子掲示板（スレッドフロー型掲示板）システムである。まずは５ちゃんねるユーザーの一人がスレタイと呼ばれる、これから始めたい会話のテーマを掲げる。そのスレタイが示されるテーマに沿って、ユーザーは様々な投稿をしていく。会話は時系列に沿って連なっていく、このひとまとまりの会話をスレッドと言う。つまり、スレタイはスレッドのタイトルの意だ。ここでメディア運営者がユーザーに提供するものは掲示板システムとシステムの管理だけだ。コンテンツはユーザーがつくる。そして、ユーザーが投稿したいくつものコメントが集まって5ちゃんねるというメディアが形成される。これがCGMである。今では一般の人が目にして利用するネットサービスのほとんどがCGMであると言ってもいいだろう。日本ではまだ少ないが、世界的にはほとんどの新聞社のニュースサイトでさえ読者からのコメント投稿機能を備えていて、ニュース記事の下には読者投稿が連なって読めるようになっている。つまり、紙ではないネットの新聞では読者投稿もコンテンツのひとつとしてメディアが形成されている。

炎上という新しい社会現象はCGMがつくった。ネットが普及した当初、企業が炎上を警戒し監視対象としていたのは当時の2ちゃんねるであった。実際にネット黎明期は2ちゃんねる発祥の炎上案件が多く見られた。現在も監視対象としているだろうが、しかし、今、企業にとってもっとも警戒心を持って監視しているものは多分、5ちゃんねるではなく、Twitter、Facebookと答えるはずだ。もちろん、Twitter、Facebookも、CGMの一つだ。しかし、これらは区別してSNSもしくはソーシャル・メディアと呼ばれている。

ソーシャルの代償

SNSはSocial Networking Serviceの略だ。このソーシャルは社会的という意味である。日本語にすると社会的な責任といった言葉の連想から、社会性を持った優れたシステムというイメージを持ってしまいがちではあるが、ここで言う「社会的」とは交流を指す。社会と社会でないものを隔てるもの、それは交流ができるか否かだ。ＳＮＳはより交流を志向する。５ちゃんねるでも交流はできる。インターネット普及以前のパソコン通信におけるフォーラムにおいても、いくつもの交流は生まれた。ニフティフォーラムのサービス終了から20年が経とうとする現在でも、全国で当時の会員たちの交流が続いていると聞く。

しかし、それらのサービスでは交流はメインの機能ではなかった。あるテーマに沿って、座組になってみんなで語り合う場の提供こそがメインで、交流はあくまでその結果に過ぎない。ＳＮＳが目指したものはインターネットを社会に近づけることだ。メインの機能は交流に割かれた。先行するブログは代表的なサービス「WordPress」の名が示す通り、交流よりも出版に重きを置いたウェブサービスだった。自らもパブリッシング・プラットフォームと定義するように、出版の自由を市民にも、という指向性が強い。そのブログにおけるコメント機能やトラックバック機能のテクノロジーを応用し交流に特化してつくられたもの、それがＳＮＳと言える。

ＳＮＳでは交流機能を充実させるために他の機能は徹底的に省略された。ＳＮＳではユーザーのページの個人的なカスタマイズはほとんどできない。５ちゃんねるが集会所、ブログが戸建て住宅とすれば、ＳＮＳのイメージは共同住宅だ。投稿できる文字数も制限され、文字の装飾や高度な編集など出版を志向するブログがすでに備えていた太字やフォント変更、リンク挿入などの高度な文書編集機能はＳＮＳにはない。その代わりに様々な交流機能が実装された。タイムライン、リツイート、いいね、ダイレクトメッセージ、フォロー、リスト、ブロック、ミュート、グループ作成など、それぞれのＳＮＳが交流のための独自の機能を実装していて、そのことが人気の根源となっている。

個人のページはあるが、メインはスレッド形式で自分の投稿が他の投稿の一部として表示されるタイムラインである。個人の投稿はフォローした人々の投稿が流れるタイムラインに様々なユーザーの投稿の一つとして表示され、ここで世の中が今、どのような話題について話されているかが分かるようになっている。これは共感できると感じた投稿についてその意思を示したいときは「これは共感できた。あなたの言う通りだと思う」とわざわざ文字で書かなくてもいい。その他人のツイートについているリツイートボタンか、いいねボタンを押すだけだ。そのことで、いとも簡単にフォローしている他のユーザーに知らせることができる。

紙を半分に折ると、たった43回でその高さが月に届くと言われている。それと同じだ。誰かがたった一回ボタンを押すだけの行為で、これまでには考えられなかったような速度で、倍々ゲームで一つの投稿が拡散していく。その現象は「まとめサイト」と言われる広告収入によって運営される営利のウェブサイトによってまとめられ、さらに拡散を大きくする。

ＳＮＳの登場によって、ウェブにおける炎上という社会が初めて経験する新しい現象は新次元を迎えた。ウェブがソーシャルを目指し、社会に近づくことで得られたメリットは計り知れない。

Twitter も Facebook も、今や Google と肩を並べるグローバル経済のメインプレイヤーだ。しかし、その代償も大きかった。その代表の一つが炎上であることは言うまでもない。

日清食品　とても残念な「大坂なおみ炎上広告」の本質

広告とは人の心をコントロールする技術である。こう言うと反発する人も多いだろう。コントロールではない。企業と消費者との対話による共感で、その商品やブランドとの絆をつくることが目的だ。つまり、広告とはラブレターなのだ、と。いや、違う。商品やブランドの存在理由を理性的に語りかけることによって、理解や納得を促進する。広告は消費者の知る権利に貢献する営みである、と。

どちらも正解である。しかし、共感も説得も心をコントロールするための手法であり本質ではない。広告には良い面もあれば悪い面もある。明るい部分だけを見つめ続けても、その本質は理解できない。

とても残念な「炎上」があった。火種は日清食品が制作したウェブCM。同社がスポンサーとなっている世界的テニスプレーヤー、錦織圭と大坂なおみをアニメ化したものだ。問題は大坂なおみの肌の色で起こった。白く描かれていたのだ。英国の公共放送局ＢＢＣが自身のウェブニュースサイトで日本社会に根強く残る差別意識とからめて「白人化」したと指摘されていると報じた。

日清食品は謝罪しウェブCMを削除した。当然だろう。世界市場でも商売している企業として、国際問題に発展しかねない問題を無視するわけにはいかない。騒動を問われた大坂なおみは〈騒ぐ人たちのことも理解できる。この件についてはあまり気にしてこなかった。答えるのはちゃんと調べてからにしたい〉とコメント。しかし、このコメントを朝日新聞は〈なぜ多くの人が騒いでいるのかが分からない。この件についてはあまり関心がないし、悪く言いたくはない〉と報道してしまった。

完全な誤訳だ。テクニカルなミスではない。記事を書いた新聞記者、そして記者が所属する朝日新聞という組織に、この誤訳に導く心理的バイアスが存在していたということだろう。

僕の理解はBBCとは異なる。大坂なおみの肌を白くしたのは「白人化」ではなく「日本人化」だ。日清食品は、世界を舞台に戦う2人の日本人テニスプレーヤーを世界で愛される日本のブランド、カップヌードルと重ね合わせた。「大坂なおみは日本の誇りだ。そう、カップヌードルのように」と消費者の心をコントロールしたかったのだろう。日清食品は多くの日本人が引っかかりなく「同じ日本人だ」と思えるようにアニメの慣例に倣い、白に近い肌色として描いた。そして日本中が湧く中「これくらいはCM上の演出として許される」と考えたはずだ。

朝日新聞の誤訳も根は同じだろう。普段は人種差別に厳しいはずの朝日新聞がこういう誤訳をしてしまった深層には「小さなことでガタガタ言うな。素直に祝えばいいんだよ」という、苛立ちにも似た本音があったのではないか。かつて絶対的な力を誇ったテレビも新聞も相対化された。人々は自身の持つメディアで自由にものを言うようになった。
過去の成功体験は今の時代では通用しない。昔は良かったと嘆き、かつての栄光にしがみ続ける限り、失敗を重ねるほかない。この広告を巡る一連の炎上騒動は、従来型の広告とジャーナリズムの最後の抵抗とその敗北だったのかもしれない。

「池本孝慈の超広告批評」（ＺＡＩＴＥＮ19年4月号）

防げた炎上

僕がこの日清食品の炎上を〈残念〉だと思うのは、それが未然に防ぐことができた炎上だと思うからだ。この炎上で日清食品が広告を引き下げたトリガーとなったのは、ＢＢＣが取り上げたことだろう。単なるネットの炎上ならまだしも、国際問題に発展すれば自身のグローバル戦略につながる。いったん国際問題に発展してしまえば、どういう釈明をもってしても国際社会を説得することはできないだろう。特に問題になったことが人種差別にまつわるものである。よって、すぐに広告を引き下げるという日清食品の対応は賢明だったと思う。

ＢＢＣは日本で「白人化＝ホワイトウォッシング」と批判されていると客観報道を行った上で、こう締めくくっている。長いが、この手の人種差別問題がどのように世界で報道されるかの重要な資料となり得るので、〈日本での人種問題〉という見出しが立つ部分を引用したい。

〈この騒動は、日本における人種と差別の問題を再び浮き彫りにした。日本は今でも、極めて均質的な国だ。したがって、日本国内で人種や人種差別の問題が日常的に意識されることはあまりないのかもしれない。しかし、日本における人種差別は繰り返し指摘されている。とりわけ2015年には、国連の特別報告者、ドゥドゥ・ディエン氏が、日本政府として対処するべき「深く重大な」問題だと警告している。現在の日本では、人種についての考え方や、国の均質性に対する意識は変化している。日本で生まれた新生児の50人に1人は、大坂選手のような「バイレイシャル」だ。大坂選手は主にアメリカで育ったが、大阪で生まれている。陸上のケンブリッジ飛鳥選手やメジャーリーガーのダルビッシュ有投手、柔道のベイカー茉秋選手は言うまでもないが、大坂なおみのようなスター選手でさえ、日本語で混血を意味する「ハーフ」と呼ばれる人々は、いまだに偏見にさらされる〉

BBCはこの文章の前で〈騒ぎになったことを謝罪した。同社広報は「意図的に白くした事実はない」とした上で、「配慮が欠けていた。今後は多様性の問題に、より配慮したい」と述べた〉と書いている。その上でなお、日本に潜在的にある差別意識を論じている。つまり、文脈によって日清食品が意図せざる潜在的な差別意識を持っているかもしれないと印象づける記事を書いていることになる。リベラル的傾向の強いBBCが特別なのではない。これが国際報道の現実の姿だ。

僕は日清食品が潜在的な差別意識を持ち合わせているとは思わない。いくらなんでも、日本が均質的な社会だからといって無意識的でも何でも、白人が最も優れていると考えるほど落ちてはいない。連載で指摘したように、あえて言えば、それは「日本人化」だろう。これまでアニメで一般的に行われてきたデフォルメの類だろう。しかし、程度問題とは言え、その当たり前の慣習が、差別問題に取り組み差別解消の運動を推進する人々にとっては差別と解釈できる、あるいは差別と解釈できる余地を残していることを日清食品は想像すべきだった。SNSは、学者も芸能人も政治家も運動家も、実社会ではほとんど交わることのないクラスタ＝集合体が交わり溶け合う場所である。特に、今回のCMは完全にフィクションであるアニメ作品ではなかった。現実に大坂なおみ選手はこの世界にいる。

こうなることは分かっていた。それが「SNSという社会」なのだから。広告にネットを活用してきた日清食品がSNS誕生以降の、その環境の変化についての理解が浅かったということが残念でならない。

西武・そごう　企業理念が感じられない「新春炎上広告」

その昔、あるコピーライターがある流通企業グループの女性社員向け新人事制度訴求のために〈人材、嫁ぐ。〉というコピーを提案した。ビジュアルは女性社員の結婚式の写真。文金高島田の晴れ姿だ。コピーライターとしては、ビジネス用語の〈人材〉とパーソナルな〈嫁ぐ〉という言葉を組み合わせることで生まれるインパクトを狙ったはずだった。

しかし、その企業グループ会長は没にした。強い口調でその提案を持ってきた部下を叱責したという。出会い、結ばれ、嫁いでいく女性の姿を指し、〈人材〉という上から目線の言葉を口にする企業に、女性を大切にする仕組みづくりなどできないというわけだ。当時、西武流通グループ（後のセゾングループ）会長だった堤清二である。この広告は〈いま、どのくらい「女の時代」なのかな。〉というコピーに変わった。今から約40年前、１９８０年の話だ。

２０１９年元旦、新聞に過激な広告が掲載された。若い女性の顔面にパイが投げつけられている。そこには〈女の時代、なんていらない？〉という言葉がある。読み進めると、女の時代ともてはやされるたびに強要され、無視され、減点されるなら、女の時代なんて永遠に来なくていい、と語りかけている。そして、来るべきものは〈私の時代〉だと結論付ける。最後に〈わたしは、私。〉というスローガン、その下に、西武百貨店、そごうのロゴが並ぶ。

この広告が物議を醸した。多くは、意味が分からないというものだった。もう西武・そごうでは買い物はしない、と強い言葉で不快感を示す女性もいた。広告をつくった制作者にとっては、80年の西武流通グループの企業広告のアンサーのつもりかもしれない。東京医大の件や昨今の「♯ＭｅＴｏｏ」運動も加味し、西武・そごうの〈わたしは、私。〉というテーマに落とし込むために知恵を絞った末に出来上がったコピーだろう。昨今の炎上手法よろしく、物議を醸したから成功だ、という解釈もできる。しかし、この広告を西武・そごうの年始のメッセージとして好意的に受け取った消費者はほとんどいないだろう。ＳＮＳでは、正しい、間違っているという二元論的な論議がされていた。ＬＧＢＴやフェミニズムが絡む論議だ。かなり過激な意見も見られた。

このメッセージが男性らしさや女性らしさを強く否定し、ボーダレスな生き方を標榜するファッションブランドから発信されていたとしたらどうだろう。好き嫌いはともかく、理解くらいはできるはずだ。要するに、この広告はブランドの実体を何ひとつ考慮していないのだ。西武・そごうには言うべき理由もなければ、言えるだけの矜持もなければ覚悟もない。このメッセージは自らの生業をも否定する。売り場を見れば分かることだ。

１年前にも木村拓哉がモデルの西武・そごうの〈わたしは、私。〉広告を取り上げた。そこでは大切な年始の誓いをタレントに代弁させる安易さを指摘した。何も変わっていない。広告はコピーライターの言葉遊びや腕試しの場ではない。企業自らが紡ぎ出した〝言葉〟を載せる場所だ。

「池本孝慈の超広告批評」（ＺＡＩＴＥＮ19年３月号）

炎上は使いこなせない

いったん炎上してしまえば情報は倍々ゲームで拡散され続ける。これを広告の目的のひとつである「情報を広く知らせること」に絞って考えると、この炎上ほど効率的なものはないと言うこともできるだろう。これは昔からあった。いわゆる「物議を醸す」というやり方だ。しかし、昔と今が違うのはSNSという強力なブースターがあるかないかである。

SNSという強力なブースターがない時代から、良い話題であれ、良くない話題であれ、話題になりさえすれば知名度を得て、とりあえずは社会から認知されるようになる。まだインターネットが普及していなかった頃、日立の家電の広告で〈広告より口コミを信じましょう。〉というコピーがあったが、口コミの力は強い。これは意図したわけではないが、炎上により存在が認知され、後に評価が変わって人々に愛されるようになった事例を紹介したい。

奈良県のキャラクター「せんとくん」をご存知だろうか。2010年、奈良県で行われた平城遷都1300年記念事業の公式マスコットとして誕生した。大仏のような風貌をした童子に鹿の角が生えている。これに批判が殺到した。「大仏様に鹿の角を生やすとは不謹慎だ」というわけだ。市民だけでなくクリエイター団体もその選考過程の密室性に反発して、自らも非公式キャラクターを発表するほどの加熱ぶりだった。その騒動をワイドショーは何度も取り上げた。しかしそのことで、せんとくんは人々に広く知られるようになり、いつの間にか人々に愛されるようになり、批判の声は消えた。今もキャラクターグッズが売れまくる全国を代表するご当地キャラクターとして育ち、奈良の人々のみならず全国の人々から愛されている。

今はＳＮＳがある。この強力なブースターが存在する以上、広告する側が炎上のリスクを恐れつつも炎上による情報の拡散に惹かれるのは自然の道理だろう。個人が自身のメディアや自身の広告を行うセルフブランディングの分野においては、炎上という広告手法は「炎上商法」という揶揄の言葉とともにごくごく当たり前の風景になってしまった。

西武・そごうの新春メッセージにジェンダーやセクシャリティーをテーマに選んだのも、それが「＃ＭｅＴｏｏ」運動も含めて数々の炎上を起こしてきた、人々から注目されるテーマだったことも影響はしているのだろう。広告は見られてなんぼの世界だ。誰も関心がないテーマやモチーフをあえて広告に選ぶ者はいない。しかし、その激論の渦中に飛び込んでいくのであれば、その激しい激論に耐えうる自身の見識を持ち合わせたと自身が認められるまで自分自身を追い詰めて欲しかった。

僕らは自分が望む、望まないにかかわらず、ＳＮＳ登場後の世界を生きている。ましてや言っている内容は、自分が日々、百貨店という商売をしている中で取っている行動と矛盾するではないか。かつてと違って、今の消費者はもの言う消費者である。しかも交流に特化した機能を持つＳＮＳという社会はその分野の専門家や一言を持つ人々の目に触れる。世の中には細分化されたクラスタは存在するし、興味でつながるＳＮＳにおいては、細分化はより進んでいく。にもかかわらず、互いのクラスタは否が応でも出会い互いに衝突しあい摩擦を起こす。これは、あらゆる広告を含むメディアで活動をするすべての人が前提としなければいけない現代の条件である。

西武・そごうの炎上は、広告の中止に追い込まれるほど激しいものにはならなかった。そういう要素も見当たらなかったから当然と言えば当然ではある。しかし、その主張の矛盾や甘さを多くの人が語ることになった。そんなことで多くの人に見られるようになったということに意味はあるだろうか。こういう炎上の繰り返しは、短期的には情報の拡散に対するコストパフォーマンスの良さという形で見返りがあるが、その愚行はブランドにボディーブローのようにゆっくり効いてくる。ここ10年、様々な広告炎上を見てきた。結論として言えることは、炎上狙い、つまり炎上をうまく使いこなし続ける企業はひとつもないということだ。

世界一のクリスマスツリー　反社会的物語を拡散する側の責任

震災で奪われた多くの命の鎮魂と追悼のために、富山県氷見市で起きた山火事を奇跡的に生き抜いたアスナロの巨木を根ごと掘り出して神戸で植樹し、世界一のクリスマスツリーとしてお披露目したい――。

そんな無謀な計画を思いつき、銀行から3億円のお金を借りてすべて自腹で成し遂げようと思った青年がいた。西畠清順。支援者が集まった。計画は「世界一のクリスマスツリーPROJECT～輝け、いのちの樹～」と名付けられた。氷見の人々はその思いを快く受け入れ、アスナロの木の旅立ちを祝った。船舶、大型車両、クレーンを駆使した世紀の大移動はテレビで中継され、全国の多くの人々がその行く末を見守った。

しかし〝植樹〟は嘘だった。彼が言う植樹とは、イベント期間中に木の緑を持たせるため巨大な植木鉢に入れるという意味だった。後に批判を受け販売中止となるが、〝いのちの樹〟はイベント終了後に裁断・加工され販売会社「フェリシモ」が記念グッズにする予定だった。さらに山火事を奇跡的に生き抜いたという話も創作だと分かる。そのことを知った人々は、批判の声を上げ始めた。青年とかねてから親しく、イベントを全力で応援するとして特集を組んでいたウェブマガジン『ほぼ日刊イトイ新聞』は、批判を受けて〈みなさんがこのツリーを見て、なにを考え、なにを思うか、それこそが清順さんの本当のねらいでもあるのです〉と言及。

糸井重里は自身のSNSで〈冷笑的な人たちは、たのしそうな人や、元気な人、希望を持っている人を見ると、じぶんの低さのところまで引きずり降ろそうとする。じぶんは、そこまでのぼる方法を持ってないからね〉とつぶやいた。これが、2017年末にネットで起きた炎上のあらましだ。この手の広告手法を物語ブランディングと呼ぶ。世界一のクリスマスツリーというイベントに物語をつけて広告すること自体に何ら問題はない。しかし、その物語が虚偽であり、かつ反社会的である場合は看過できない。

問題の本質は、木の命を粗雑に扱ったことでも、人々の善意を儲けや自己宣伝に利用したことでもない。鎮魂という重く複雑なテーマを絡め、崇高な生の物語を偽装し、空前のパブリシティを実現させることで多くの人々を動員しながら、公共に死の物語を持ち込んだこと、そして、それこそ彼らが伝えたかったメッセージだったということの反社会性にある。糸井は、炎上直後に行われた西畠とのトークショーで〈いま清順君がやってるようなことって、将来、ああいうことをやって植物が普通に必要だってことを分からせてくれたんだってなる〉と述べ、西畠は〈最低これくらいのことをせんと、世界は変わらんと思っている〉と応じている。

確信犯なのだ。世界を変えるために、被災地神戸のクリスマスという高度に公共的な祝祭空間に象徴化された死を顕現させる。つまり、愚かな大衆に死をもって分からせるということを彼らはやろうとした。テロリズムを援用したかのような、この稚拙な物語を社会は許容しない。それが23年前、阪神・淡路大震災による混乱の中、オウム事件を経験した社会の成熟であり、この炎上の本質的な意味である。


「池本孝慈の超広告批評」(ZAITEN18年2月号)

僕はこの章の冒頭で〈炎上を語るのは気が重い〉と書いた。その重さの多くは、17年冬に起こったこの出来事に起因する。自分の人生を考えたとき、この出来事さえなければと何度も思う。けれども広告批評という形で、現在の広告が持つ問題と課題を指摘している僕が、この出来事について書かないと決めたら、僕の中で僕の言論は終わる。もちろん、広告にまつわる世の中のあらゆる出来事についてで批評しているわけではない。しかし、この出来事は広告にまつわるあらゆる出来事の中でも、問題の本質が持つ重大さという意味では見逃すことはできなかった。問題の本質に気づかない者にとっては神戸という地方で起きた軽い炎上騒動に過ぎないと言うかもしれない。それにイベントとしては動員した人も多く、それなりに成功したのだからもういいじゃないかと思われるかもしれない。しかし、この炎上の本質的な意味を知る以上、僕は書かなければいけなかった。

物語ブランディングと脱広告

物語ブランディングは、昔からあるありふれた手法ではあるが、これまでの広告が効かなくなったと叫ばれ始めた頃から、従来の広告を使わない新しいブランディング方法として注目され始めた。つまり、昨今の脱広告の流れにある〝広告手法〟だ。物語ブランディングの事例は、昔から馴染みのある老舗ブランドにはいくつもある。例えば、東京向島のお団子「言問団子」の言問という名前は、古今和歌集の〈名にし負はばいざ言問はん都鳥我が思ふ人はありやなしやと〉という在原業平の和歌にちなむ。池波正太郎の小説『鬼平犯科帳』にも登場するし、幸田露伴など多くの文人も愛したと言われる。詩人の野口雨情には言問団子を食べながら詠んだ詩があり、店内と隅田公園に歌碑が立っている。僕が言問団子を好きなのは、その上品な味もあるが、お土産で買うときはこの物語を買っていると言ってもいい。

比較的新しいものでは、東京新橋の「切腹最中」だろう。これはお詫びの手土産として人気だが、これなどは商品名自体が物語を示していて、購入される動機もお詫びというビジネスでは重要な物語をつくるためだ。ちなみに、切腹最中という名は、お詫びアイテムというストーリーを狙ってつけられたものではなく、店の場所が忠臣蔵で有名な浅野内匠頭が切腹した場所で、それにちなんだとのこと。元のストーリーが顧客に別のストーリーとして受け入れられ、人気のお土産となった例である。

物語ブランディングでよく取り上げられる事例は「奇跡のりんご」だろう。木村秋則という実在する農家が絶対不可能だと思われていた無農薬りんご栽培に取り組み、一度は死を決意するほどに追い詰められるも成功させるという物語だ。糖度や味をアピールするより、こういう物語を聞いたほうが買いたくなるだろう。それが物語ブランディング、というわけだ。ちなみに、農業関係者の中には木村氏の方法に対する疑問も多い。

この手の感動物語は、ＮＨＫ『プロフェッショナル 仕事の流儀』やＭＢＳ（毎日放送）『情熱大陸』のようなドキュメンタリー番組と相性がいい。木村氏も『プロフェッショナル 仕事の流儀』で取り上げられることで有名になった。『奇跡のりんご』という映画も制作された。

すべてとは言わないが、物語ブランディングは広告ではない放送や書籍などを通して行われる。それは、「広告は効かない」といった理由もあるだろうが、むしろ「広告にはできない」といった理由が大きい。

物語ブランディングに欠かせないアイテムと言えば、やはり書籍だろう。広告には規制が多い。媒体費もかかる。その余白の部分も含めて自身が流布したいストーリーを十分に表現することができない。ウェブサイトでそのストーリーを書き綴っても見てくれる人も少ない。そこで書籍の信用が活用される。書籍は広告よりも格段に自由である。嘘や誇張もある程度は許されるというゆるさもある。広告では言えないことも書籍では言える、というのが現実だ。また、いったんその物語が書籍になれば、誰かがそのストーリーを引用するとき、その引用元は書籍になる。嘘の物語も、引用を重ねることで真実のようになっていくのだ。

つまり、どんなに嘘が多い与太話であったとしても、書籍という信用がそのストーリーに偽りの信用を与えてしまうのだ。それはまさに情報のロンダリングである。この手法は、自由診療の高額医療を提供する医療機関や高額の健康食品でよく使われる。最近は世間の目も厳しくなってきたから少なくなってきたが、書店で「がんがみるみる消える」や「がんが治る」といった扇情的なタイトルを持つ書籍をよく見かけるだろう。表現の自由との兼ね合いもあり、この倫理なき手法を根絶するのは難しいのが現状だ。

炎上は悪か

神戸で「世界一のクリスマスツリーPROJECT」を主催した西畠清順氏も、そんな物語ブランディングを意識的に活用して世に出てきた人物である。もともとは親を継ぐかたちで盆栽関係では有名な園芸会社を経営していたが、自身を「プラントハンター」と称し、世界の希少生物を採取するようになり、その経験を喧伝するようになる。『プロフェッショナル 仕事の流儀』や『情熱大陸』に取り上げられ、世界一のクリスマスツリーもNHKが盛んに取り上げていた。炎上はしたものの、イベント終了後には『情熱大陸』で再び特番も組まれた。彼の物語をメディアが強力に補完した。

西畠氏の野生児のような風貌と常識にとらわれない破天荒な行動に「彼ならこの閉塞した社会を変えてくれるかもしれない」と自身の社会変革への夢を託したということなのだろうか。神戸市長やフェリシモ、糸井氏をはじめとする社会的信用を持つ人々が彼を持ち上げた。念のために言っておくと、僕はここまでは問題はないと考えている。誰が誰を持ち上げようが、僕の知ったことではない。

しかし、表向きは彼が考えたとされている幼く嘘が多い物語にいとも簡単に巻き込まれてしまうのはなぜだろうと思う。

いかに思想的な問題があろうと、たかだか神戸のクリスマスイベントの騒動にメディアは動かない。これまでなら、この程度の小さな出来事は見逃されていた。公共性のある祝祭空間で誰かの意思によってつくられた生と死を、嘘で仕組まれたカタルシスによって現前させるという邪悪な物語を批判したのは市民社会だった。それを炎上と呼ぶなら、僕は、炎上は悪ではないと思う。

銀座ソニーパーク「買える公園?」バカも休み休みに言え

馬鹿も休み休み言え。

コンセプトは〈買える公園〉だそうだ。広場には植木鉢が置いてあって、そこに世界の珍しい植物が植えられている。それらは全部売り物で、植物が売れるたびに在庫が入れ替わる。つまりこれは〈変わり続ける公園〉でもある、と。世界のソニーが公園に対してこんな稚拙な認識しか持ち合わせていなかったことに失望を禁じ得ない。

東京銀座の数寄屋橋交差点。日本を代表する超一等地に、地上の広場と地下4階の施設「銀座ソニーパーク」がオープンした。東京オリンピックが終わる2020年秋までの期間限定プロジェクトだ。元々はソニービルがあった。自社ショールームとして最新製品やコンセプト製品を展示していた。ビルの一角にはソニースクエアと名付けられた小さな三角形の屋外スペースがあり、他社にも開放され、イベントが行われた。銀座での待ち合わせ場所としても市民に愛された場所だった。ソニービルは創業者である故・盛田昭夫の肝いりで生まれた。当時は「たかが電気屋がなぜ銀座の一等地にビルを？」という時代だった。しかし、つくるなら銀座の街と一体化するようなものをつくれと盛田は言った。

その思いを引き継ぐのはいい。民間企業なのだから自由にすればいい。しかし、自らが〈公園〉と名乗るのは違う。この鳴り物入りのソニーパークを話題にしたのは「炎上」だった。広場に〝置いてある〟珍しい植物をプロデュースしたのは、昨年（17年）末、神戸で開催された「めざせ！世界一のクリスマスツリーPROJECT」でも炎上騒ぎを起こしたプラントハンター、西畠清順である。彼の会社と日販の合弁会社が運営するショップがソニーパークにも入っていて、そこで販売されていた「星の王子さま」とコラボしたバオバブの苗木に非難が集中。詳細はここでは触れないが、原作小説を踏みにじる酷いものだった。

当初、運営のソニー企業は〈個別の問題には答えられない〉としていたが、後に販売終了を発表。SNSには〈#銀座ソニーパークださい〉というハッシュタグが立っている。僕は、すべてはこの〈買える公園〉というコンセプトの甘さから起こったことだと考えている。あの内容で〈公園〉と名乗るのは誇大表現だ。人を騙して自分を大きく見せるレトリックでしかない。そこには公共という概念に関する決定的な錯誤がある。ソニーパークは紛れもなく商業施設である。商業施設付随の公園でさえない。そこに大地に根を張った植物は一本もない。あるのは植木鉢に植えられ、高額の値札を付けられ、倒れないように針金で括られた珍奇植物だけだ。

盛田は銀座の街と一体化させたいと言った。けれども、彼は、ソニービルは街である、と公言することはなかったはずだ。その言い草が、自らの生業が依って立つ公共に真っ向から対立し、市井に生きる人々を敵に回してしまうくらいの見識は持ち合わせていただろう。

何が〈買える公園〉だ。少し歩けば日比谷公園がある。そこで公園とは何か、公共とは何かについて問い直せばいい。先人が積み重ねてきた大切な概念を勝手に書き換えないでもらいたい。

「池本孝慈の超広告批評」（ZAITEN18年10月号）

炎上に対して何ができるか

「炎上」は現象である。それ自体は悪でも正義でもない。

炎上は現象としてただそこにある。社会に人がいて、社会にSNSという情報インフラがある限り炎上は起こる。炎上とは大衆そのものなのだ。その炎上を悪だと決めつけることは、自身を大衆とは違う特別な者として、あるいは大衆を指導する前衛として身を置き、啓蒙していきたいという表明だろう。一方で、「炎上こそは正義」とする立場は大衆を社会全体から特別なものとして切り離し、その独裁を目指すということの表明に他ならない。目指す側は、いつも全体主義的な集団の中で頭脳を目指そうとし、意見を異にする者は悪性細胞として排除し、従順な民を細胞として支配する。結局は同じことなのだ。

ソニーパークの事例で言えば、震災前に流行した「新しい公共」という概念が消費至上主義と結びつき、「新しい公共」というレトリックが喚起する社会変革の過剰な期待感だけが抜き出され、日本的に受容されたことで起こった企業の暴走だろう。別に、ソニー自身が所有する土地にイベント広場を設け、そこで海外の珍しい植物を置いて販売することに何ら問題はない。問題はそれを〈買える公園〉と名付けたことだ。この定義は明らかに新しい公共が定義する公共概念からも逸脱している。この企業行動に対して〈#銀座ソニーパークださい〉というハッシュタグが象徴するように、大衆あるいは市民の側から異議申し立てが行われた。これまでは一部の者たちが公共概念を恣意的に変えても、大衆は黙って従う他なかった。今は声が上げられる。この炎上が示す意味は、ただそれだけだ。それ以上でも以下でもない。

明らかに誤った炎上もある。むしろそのほうが多いかもしれない。しかし、炎上とは大衆であり、広告は炎上とうまく付き合っていくしかない。それは、自身が訴求の対象とする大衆を否定できないことと同じだ。そして、広告を出す側もフェイズが違えば大衆としてこの社会を生きている。炎上の責任は企業にもあるし、大衆にもある。単なる社会現象である炎上に責任を求めるのは、そもそも形容矛盾だろう。炎上という社会現象をできる限り減らしていく努力は、ＳＮＳをはじめとするウェブサービス企業が自身の存亡をかけて取り組んでいる。

しかし、それは困難な道でもあるし、すべての炎上がなくなることはないだろう。炎上のない世界は、それはそれでディストピアだ。できることは知ることしかない。炎上を知り、自らを知る。その上で、その都度、広告に関係する部署だけではなく、危機において広告とは反対概念として機能する広報部などあらゆる部門を集結して、その時々で最良の判断をしていく。身も蓋もない結論ではあるが、炎上についてできることはそれしかないだろう。

終章

これからも広告が生き延びるために

約3年間、月刊誌に連載された問題広告についての広告批評を通して、主に日本国内の広告の現在とその課題を振り返ってきた。もちろん、月一度の連載に採用する案件を一本選び抜くわけだから、世の中で起きたすべての問題広告を取り上げられたとは思っていない。基本的にネットなどで多くの人が論じることになり、結論がすでに出てしまっていてウェブや他の雑誌などで容易に参照できるものは取り上げていない。それでもある程度は、今の日本の広告には何が問題で、課題としてどのようなものを抱えているのかがある程度理解できるようにはなっているのではないかと思う。連載では、賞賛の方向性を持つ批評を禁じ手としてきた。そのことで、現代広告が抱える問題点や課題が、より鋭角的に深く浮き彫りにできたという自負はある。

時代の記録としての目的もあるが、時系列にはしなかった。バブル崩壊とインターネットの影響から始まり、その反動としての広告を出す側の「あの頃に戻りたい」というメンタリティーの醸成、プロパガンダと広告、広告が効かなくなったという危機感から開発された非広告的手法による様々な広告手法、そして現代の新しい社会現象としての炎上という流れで章立てを行った。通して読めば、現代広告論としても、ある一定の濃度を持ったものが提示できたのではないかと思う。

また、私的なことではあるが、僕が広告業界に入ったのは平成の時代が始まったばかりの頃。それは一つの平成広告史にもなるだろうと考えたので、できるだけ個人的なエピソードを盛り込んだつもりである。アカデミズムの文脈では柔らか過ぎるきらいはあるとは思うが、これも広告批評というジャンルが持つ利点だろう。

この本を書くにあたって、平成30年間の広告の流れを時系列で振り返ってみた。気付かされたことは、一言で平成と言っても、その年ごとにまったく違う色を持つということだった。驚くほど違うのだ。日々の連続性の中で何気なく過ごす中で、実体がないように感じられる世の中の流れというものの存在を見せつけられた思いがした。この個人的な作業で得られたいくつかの気付きについては、また機会をあらためて、まとまった論考にしたいと思っている。

現代広告の問題点について書き連ねたこの書籍のサブタイトルは〈広告がこれからも生き延びるために〉と名付けた。僕は広告がこれからも健やかに生き延びて欲しいと思っている。それは僕が生業とする広告業界が持続して欲しいというものでも、僕自身もほんのわずかの期間享受した、広告が文化として輝いていた「あの頃に戻りたい」というものではない。ただ、広告が新聞や放送を支え、インターネットを普及させたように、これからも時代に合わせて、新しい時代をつくり、社会と人々の生活に役立って欲しいと願う。

広告に対して批判的なことばかり書いているから広告に悲観しているかのように思われるかもしれないが、そうではない。書かないだけだ。僕にも好きな広告や嫌いな広告もある。評価している広告や、作り手として嫉妬に駆られる見事な広告もある。それは、多くの広告人と変わらない。批評に取り上げる広告作品は僕の個人的な嗜好をできるだけ排除しているつもりだ。人間だから滲み出るところはあるだろうが、それは僕の力不足によるものである。

広告は終焉しない

ごく少数だと思うが、僕のことを知っている人の多くは雑誌の連載を読んでいてくれている読者の方、もしくは僕が書いていた（厳密には今も時々更新はしている）ブログの読者ではないだろうか。ＺＡＩＴＥＮで連載を始めることになったきっかけもブログだったし、東京糸井重里事務所（現・ほぼ日）に誘われたのもブログがきっかけだった。調べてみると、僕がブログを始めたのは２００７年6月だった。

世界的に「ウェブ２・０」という考え方が流行していた時代だった。この概念はフリーソフトとオープンウェアの推進者であったティム・オライリー氏が提唱した言葉だった。彼は〈旧来は情報の送り手と受け手が固定され送り手から受け手への一方的な流れであった状態が、送り手と受け手が流動化し誰でもがウェブを通して情報を発信できるように変化したウェブを「Ｗｅｂ２・０」とする〉と語っている。この概念を日本に紹介したのはＩＴコンサルタントの梅田望夫氏で、著書『ウェブ進化論 本当の大変化はこれから始まる』はベストセラーになった。「一億総表現者時代」と呼ばれ、個人が情報を発信する時代、個々の叡智はウェブにアーカイブされ、巨大な知となるとする主張であった。梅田氏はウェブが商業的になり、芸能情報などの娯楽情報で溢れ、炎上が増えた時期に、自身のブログで〈日本のＷｅｂは残念だ〉と言い残して、日本のウェブにおけるメインストリームから去った。

ウェブ２・０はウェブに知的な可能性を見る人々のオプティミズムだった。そこに、その上部構造が成り立つ下部構造がどう成立するかに対してあまり興味がなかった。これほど大きくなったウェブを手弁当で成立させることはもはや不可能だろう。

僕が利用していたブログサービスはニフティのココログだった。なぜ無料、もしくはわずかな課金で使えるのかというと、ＩＳＰ（インターネット・サービス・プロバイダ）事業を主力とするニフティにとってブログの無料提供は広告的な意味を持つからである。もちろん、無料コースにはGoogleが配信する広告が表示された。しかし、当時はわずかな収益にしかならなかっただろうし、たかが個人ブログから得られる広告料は微々たるものだ。

ウェブにはその将来性を見越して様々なウェブサービスが参入していた。多くは投資家による資金によって運営されていた。今も、スタートアップ企業と呼ばれるウェブサービスのベンチャー企業の多くは、ベンチャーキャピタルによる投資資金によって経営されている。まだウェブ広告がニッチだった時代、本当にこんな状況がいつまでも続くのだろうかと思った。その状況をいとも簡単に打開し、現在のウェブの興隆を実現してしまったのは、またしても「広告モデル」だった。広告モデルという収益構造ができたことで、インターネットは飛躍的に成長し、今やスマホを通して老若男女を問わず普及した。新聞を、雑誌を、ラジオを、テレビを普及させたように、インターネットを普及させたのは紛れもなく「広告モデル」だ。その当時、Googleがウェブにおける次世代の広告テクノロジーを開発していることくらいは当然知っていた。しかし、それがウェブという下部構造を支え切るほどまでに成長するとは想像していなかった。

象徴的な出来事があった。Yahoo! JAPANはインターネット黎明期に一世を風靡した個人ホームページサービスのジオシティーズと、利用者数も今なお多い無料ブログサービスであるヤフーブログのサービス提供終了を相次いで発表した。多くの市井の人々の知をアーカイブしてきたジオシティーズは、２０１９年3月をもってネット上から消えた。もちろん自力で他のサービスに移行したものもあったが、多くの知は跡形もなくなった。「誰でも情報発信できる」を合言葉に13年間運営され続けてきたヤフーブログは19年12月をもって終了する。規模も質もダイナミックに成長した広告モデルから取り残された結果だ。

ウェブ２・０は敗北し、またしても広告モデルが勝利した。20世紀最大の発明である広告モデルは、21世紀においてもその力をいかんなく発揮した。当時の「もう広告は終わるんやないかなぁ。どっちにしても縮小していくしかないやろ」みたいな広告人のつぶやきは戯言でしかなかったということだ。プレイヤーの入れ替えはあったが、広告市場自体は縮小していない。その経験が僕の原点だ。広告はそう簡単には終焉しない。そして簡単に終焉してもらっては困るという前提に立つ限り、「これからも広告が生き延びるために」という問いは、社会を支える広告モデルが必要悪として社会に牙をむかないようにするためにはどうすればいいのかという問いでもある。

広告のこれから

広告はこれからどうなるのだろうか。それは僕にも分からない。

でも、現在を生きる僕らにはそれぞれの持ち場で、これからの広告が大きな役割を果たしていくためにできることがまだたくさんある。何よりもまず、広告という情報発信をそのプロセスやシステム、社会的影響を含めて深く考察し、知ること。そして、そのシステムの健全な成長と維持のために、やっていいこととやってはいけないことを見極めること。つまり、ありもしないユートピアを設定し、その仮定をもとに夢物語を夢想するのではなく、少しずつしか変わらない退屈な現実を見据えて、誰かを〝グル〟にして帰依するのではなく、一人の人間として思考し続けることだ。

こうした洞察と理解があれば「ネイティブアド」は、広告とコンテンツが溶け合い、広告であることが誰にも分からない状態になることを目指すイメージを喚起するレトリックは使わなかっただろう。「ネイティブスタイル」もしくは「ナチュラルスタイル」と名付けていれば、ネットアド界隈で新しい媒体枠の形態として流行するだけで、まるで密教のような難解な理論も必要がなく、無用な禅問答と論争による対立を生まなかったはずだ。広告の枠内でネイティブスタイルを謳うだけなら、そこに自ずからの限界も見えてくるはずだ。

ブランデッド・エンタテインメントもタイアップや協賛以上の意味をそこに含めることはなかっただろうし、戦略ＰＲも、それが新種の広告手法という自己規定ができれば、その自らの力を社会の害とならない広告の枠内にとどめられたはずだ。

タレント広告にしろセルフブランディングにしろ、行き過ぎれば自らの活動に多大な貢献をしてくれる広告というシステムを破壊することに加担してしまうことを、少なくとも広告人は知るべきだ。先行者利得として自分だけが得をして、世間の目が厳しくなれば逃げ切る。そんなことばかりやっていれば、若い世代は上の世代に対して軽蔑を深めるばかりだろう。

数年前に起きた小さな炎上を思い出す。ネットメディアを運営する若い経営者が書いたブログがきっかけだった。彼は当時、活発に論議が進んでいたネイティブアドの［ＰＲ］表記に異を唱えた。要約すると「子どもの頃からＣＭが好きで、ＣＭの映像に魅了されてきた。ＪＲ東海の〈そうだ、京都いこう〉の美しい京都の風景にうっとりした。だけど、いつも最後に〈ＪＲ東海〉と出て来るたびに興ざめした。僕は番組と同じようにＣＭを楽しみたい。今の時代、広告はみんなに嫌われている。新しい時代に広告とコンテンツの区別はいらない」というものだった。広告業界人を中心に彼をここぞとばかりに叩きのめした。彼は自分がいる広告業界の先人たちに総攻撃を受け、反省し謝罪した。

なんという醜い光景だろうと僕は思った。若いウェブメディア経営者の、稚拙で素朴な、自分にだけ都合がいい身勝手な論考に対してではない。かつて若い経営者同様に考えてきて、それなりに稼いできたにもかかわらず、その生業の方法が社会との軋轢を生み、ルールを自ら変えようとしている今、自分がやってきたことを顧みず、口汚く叩く先人のその姿に、だ。

若い経営者は表面的には健気に謝る姿をとりながら「おまえらだってやってきたことじゃないか。だったら今まで不正なやり方で稼いできたお金を返せよ。バカヤロー」と思ったことだろう。今、自主的なガイドラインと称して内規をつくっている人々は、かつては彼と同じような、これからどうなるか分からない小さなネットベンチャーだった。彼の姿はかつての自分の姿でもある。

広告を理解するということ

時事問題について専門家に講義してもらい、その講義を芸人やアイドル、タレントたちが聴いて話し合う『教えて！ニュースライブ 正義のミカタ』（朝日放送）というテレビ番組で、パブリック・ディプロマシー（広報外交）が取り上げられていた。

この手法を使った中国の対外プロパガンダが、ここ最近、活発化している。事例としてニューヨーク・タイムズや日本の毎日新聞などに折り込まれる『China Watch』というタブロイド新聞が紹介されていた。12年9月11日、日本政府が尖閣諸島を国有化したその10日後に、ニューヨーク・タイムズに〈尖閣諸島は中国に帰属する〉と見出しを立てたChina Watchが折り込まれ、18年末には、毎日新聞に〈盛り上がるウィンター観光〉と見出しが打たれ、子どもたちが笑顔でスキーをする写真が大きくレイアウトされているChina Watch特別版が折り込まれ配布された。記事には新疆ウィグル自治区が日本・韓国・スイスに並ぶウィンター観光地として注目されていると紹介されていた。周知の通り、新疆ウィグル自治区は、中国による武力弾圧と支配、人権侵害が行われ、国際的に非難されている地域だ。

このChina Watchは、一見するとニューヨーク・タイムズや毎日新聞が発行する中国特集版のように見えるが、発行元はチャイナデイリー（中国日報）で、よく見るとごくごく小さな文字で発行元の表記がされている。要するに、これは中国の新聞社が各新聞社の折り込み広告枠を購入し、自ら制作した冊子広告を新聞に挟み込んだ「折り込み広告」なのだ。

番組では、司会の東野幸治からジャニーズWESTの中間淳太がパブリック・ディプロマシーについて問われ「でも、こういうことって世界の国々はみんなやっているでしょ。もちろんこういうやり方はどうかとは思いますけど。日本は遅れ過ぎていると思うんですよね。もっと積極的にやらなくちゃいけないと思う」と話していた。評論家の宮崎哲弥が「圧倒的にパブリック・ディプロマシーをやっているのはアメリカです。僕らはハリウッド映画や小説、ポピュラー・ミュージックを通じて、知らず知らずのうちにアメリカ的価値観を刷り込まれている」と応える。

この手の話はいつもこうなってしまうのだ。パブリック・ディプロマシーといった新しい手法について語るときは、いつもこうなる。ちなみにこの若いアイドルは勉強家で、知的である。しかし、知的な人ほどこういう話し方になってしまう。宮崎氏も有能な評論家だ。なのに、なぜこうなってしまうのだろうか。

それは、パブリック・ディプロマシーという概念に惑わされて、このChina Watchの事例が広告であることの理解が曖昧になってしまっているからである。だから、ハリウッド映画や小説、ポピュラー・ミュージックといった民間の表現活動との混同を平気でしてしまう。この後に続く、ハリウッド映画に中国資本が入り込み、ハリウッド映画の中で中国人がいい人役で描かれるようになってきているといった話は、次元が別の話である。問題はパブリック・ディプロマシーの是非ではない。広告でありながら広告ではないものに偽装する、こういう広告のやり方が許されるのかどうかが本質なのだ。

その本質から浮き彫りになるのは、こういう規制のギリギリを狙った中国政府の広告手法であるし、そういう手法を見逃して、例えば「発信元表示と広告表示をもっと大きくしてください」といった指示さえせず、何の手立ても打たず、中国政府の意図するままに広告掲載をしてしまったメディアであるニューヨーク・タイムズと毎日新聞の姿勢だ。毎日新聞に折り込まれたChina Watchには、紙面の右上に〈China Watch Distribute With Mainichi Shinbun〉と、英語に疎い日本人が、発行元が毎日新聞、もしくは提携関係にあると誤認させることが目的かのような表記もある。別に日本の新聞社が中国の新聞社と提携しようが知ったことではない。だが、まるで詐欺師が使う「消防署のほうから来ました」のような表現で提携関係を偽装する広告を通した毎日新聞の見識は問われるだろう。ちなみに、海外で発行されているChina Watchには広告であることを明示する表記はあるが、日本の毎日新聞に挟み込まれるChina Watchには存在しない。こういう広告手法を使いたい者にとって天国のようなゆるさだ。

本当に論議すべきことは、パブリック・ディプロマシーの是非ではなく、パブリック・ディプロマシーの名のもとで、こういう広告手法が国家のプロパガンダとして許されるかどうか、そして民主主義と自由市場を前提とする国のメディアが許すべきかどうか、である。

戦略PRもブランデッド・エンタテインメントも、ネイティブアドも、コミュニケーション・デザインも同じである。それを広告として見た場合、広告として許されるかどうかを判断すればいい。広告として許されないのであれば、その別の何かは許されない。それだけのことだ。

逆に言えば、広告として真っ当であればいいだけの話で、その何かについての是非の問題には本来はならないはずである。しかし、その何かが広告として許されない方法を指向する限り、社会は最大限の警戒をして、批判し、排除していくしかない。これは社会だけでなく、もっと広く国際社会としても、さらに言えば、情報戦という意味における軍事の領域でも同じことである。

パブリック・ディプロマシーで言えば、広告でありながら、広報と名乗ることで、広報の名のもとに、広告には許されないことができるかもしれない何かという誤解が世界を覆っている気がする。その誤解のために、こういう広告手法が「こういうやり方はどうかと思いますけど」という、やり方が〝えげつない〟か否かを問うだけの弱い表現でしか批判されず、世界は強い拒否の姿勢を示せずにいる。

広告を理解することは、社会を理解し、世界を理解することにつながる。僕はわりと本気でそう考えている。僕が広告批評の連載やこの書籍において、広告業界で働くプロフェッショナルだけではなく、広告業界とは関係なく社会で生きるすべての人々に届くように書くことを心がけている動機でもある。この書籍が、広告業界という閉じたコミュニティーだけでなく、広く、この社会を支えている様々な人々にも読まれることを願っている。

普通ということの意味とは

これからどうしていけばいいのか。なに、簡単なことだ。普通にやればいいだけだ。少しばかりズルをしている気がするけど今は大事な時だし、このチャンスを逃せばもう次はないし、手段はともかく目的は正しいし、一回だけだし、たぶんバレないし、バレなければ大丈夫だし、みんな陰ではやっていることだし、破壊は創造であるって言うし、このやり方はイノベーションだって言っている人もいるし、時代に乗り遅れるのも嫌だし、勇気を出して思い切ってやってしまおう、なんてことは思わずに、広告人の良心に従って広告をつくっていけばいい。人が抱く普通の感覚と社会の仕組みはそれほど乖離しない。そして、それは広告の仕組みも同じことだ。広告は人が考え、人がつくってきたものなのだから。

この原稿を書いているときに、僕はNHK教育テレビで放送されたETV特集『連合赤軍 終わりなき旅』というドキュメンタリー番組を観ていた。連合赤軍は1971年から72年にかけて「総括」と称し、仲間を寄ってたかって殴り殺す、凄惨なリンチ殺人を犯した山岳ベース事件、あさま山荘事件などを引き起こし、世の中を震撼させた新左翼団体だ。元連合赤軍の加藤倫教氏は自身の若い頃を振り返り〈夢見る世界のために命を犠牲にすることがあってもそれは価値ある〉ことだと思っていたと話していた。

犯行当時は未成年で新聞等で少年Aと報道された彼が、66歳（収録当時）になった今、〈普通の人生がよかったなと思いますね。普通ってね、私たちはとんでもないことをしたと思われるかもしれないですけど、自分でもとんでもないことをしたと思いますけれども、考えてみると普通に生きるって、普通ってなんだろうと思いますと、結構難しいことだな、と思いますね〉と述べ、

〈ある意味では私たちは思考を放棄した、そういう部分もあると。ここに行けば自分のやりたいことができるというような指導者の言うことを聞いてそのままやっていれば自分の居場所もあるし、自分の夢も実現できるみたいなね。難しいことは上の人におまかせ、みたいな。そのほうがむしろ簡単ですよね。人生の選択としては。普通に死ぬまで普通に生きるというほうが、そのほうが難しいと最近は思いますけどね〉と締めくくった。

普通にやるのが最も難しい。そして、普通は凡庸とは違う。誰かの考えに何の疑問も抱かずに乗っかって、その責を誰かに押し付け、平気で普通に考えれば悪であることを何の躊躇もなくやってしまう。そういう行為こそが凡庸なのだと思う。普通にやることの難しさから逃げることなく、その難しさに向き合い続けること。自分の価値観と社会の良識を照らし合わせて思考し続けること。そこにしか答えはないし、未来もない。

この一冊の書籍が、これからの広告にほんのわずかでも役に立てばと願っている。

1年1行で振り返る平成広告31年史

平成元年（１９８９年）	昭和天皇崩御、多くのＣＭが自粛される。リゲイン〈24時間タタカエマスカ?〉
２年（１９９０年）	土地バブル崩壊。直感ＣＭが流行る。ＪＲ東日本〈もっと。〉、ポリンキー〈ジャン!〉
３年（１９９１年）	総広告費マイナス。大阪迷惑駐車ＣＭ、チョコラＢＢ〈世の中、バカが多くて疲れません?〉
４年（１９９２年）	経費削減対象として交際費、交通費、広告費が新３Ｋに。カップヌードル〈ｈｕｎｇｒｙ?〉
５年（１９９３年）	銀行広告が完全自由化。Ｊリーグ始動。ＪＲ東海〈そうだ京都、いこう〉
６年（１９９４年）	マルチメディアの時代。テレビ・新聞で携帯電話広告が目立つ。通話料値下げで普及加速。
７年（１９９５年）	阪神・淡路大震災。地下鉄サリン事件。公共広告機構〈人を救うのは、人しかいない。〉
８年（１９９６年）	Ｗｉｎｄｏｗｓ95が爆発的ヒット、インターネット時代へ。ペプシ・コーラ〈ペプシマン〉
９年（１９９７年）	日産生命、三洋証券、北海道拓殖銀行、山一證券が相次いで破綻。ナイキ〈Just do it.〉
10年（１９９８年）	総広告費が5年ぶり前年比減も、ニューメディアおよびインターネット広告費は2桁の伸び。
11年（１９９９年）	ｉＭａｃ、デビュー。第一企画、旭通信社が合併、アサツーディ・ケイ（現・ＡＤＫ）誕生。
12年（２０００年）	米広告業界でドットコム企業ブーム。ヤフー株式会社、日本企業初の株価1億円突破。
13年（２００１年）	インターネット博覧会〈インパク〉が不評。応援ＣＭ流行。ジョージア〈明日があるさ〉
14年（２００２年）	サントリー「Ｑｏｏ」など自社開発キャラクター、増える。アイフル〈どうする? アイフル〉
15年（２００３年）	消費者金融ＣＭのゴールデンタイム放送を自粛。日本テレビ社員による視聴率買収事件。

16年（2004年）	インターネット広告費がラジオ広告費を抜く。CGの陳腐化。セゾンカード「ザ・大車輪篇」
17年（2005年）	ニッポン放送買収騒動、マンション構造計算書偽装事件。〈続きはウェブで〉CM増える。
18年（2006年）	資生堂「TSUBAKI」誕生。CMで広末涼子、観月ありさ、竹内結子など豪華女優共演。
19年（2007年）	食品偽装問題が続く。セカンドライフ・ブーム。ミクシィ〝ゲッツ毛バーガー事件〟
20年（2008年）	リーマンショック。コミュニケーション・デザインが流行。広告会社に専門部署設立相次ぐ。
21年（2009年）	サンフランシスコ・東京でイベント「YouTube Live」開催、大盛況に。ネット動画が普及。
22年（2010年）	ソーシャルゲームCM、テレビを賑わせる。〈会いに行けるアイドル〉AKB48がデビュー。
23年（2011年）	東日本大震災。福島第一原発事故。AC〈ポポポポーン〉、サントリー「歌のリレー篇」
24年（2012年）	5年ぶり総広告費プラス。パラレルワールドCM増える。ソフトバンク「白戸家シリーズ」
25年（2013年）	インターネット広告費が新聞広告費を抜く。通販広告、過払い金訴訟広告、増える。
26年（2014年）	消費税、5%から8%へ。進研ゼミで顧客情報が大量流出。JR東日本〈行くぜ、東北〉
27年（2015年）	JIAAが「ネイティブ・アドに関するガイドライン」発表。au「三太郎シリーズ」
28年（2016年）	東京オリ・パラのエンブレム騒動が決着。広告業界のサロン的体質問われる。SMAP解散。
29年（2017年）	CMでパラレルワールドから現実回帰の兆し。ジョージア「働く人を応援する広告シリーズ」
30年（2018年）	インターネット広告費が地上波テレビ広告費に迫る。ハズキルーペ「渡辺謙&菊川怜篇」
31年（2019年）	令和カウントダウン。繁華街に人が溢れる。ソフトバンク「歌のリレー（令和）篇」

池本孝慈（いけもと・こうじ）

1967年大阪生まれ。中央大学法学部法律学科卒。クリエイティブ・ディレクター、批評家。放送批評懇談会正会員。2012～16年までギャラクシー賞ラジオ部門選奨事業委員を務める。ベーシックデザイン制作会社、広告制作会社、サーチ＆サーチ・ベイツ・読広、電通ヤング・アンド・ルビカム（現・電通イースリー）、東京糸井重里事務所（現・ほぼ日）を経て独立。クリエイティブ・ディレクターとして、多岐にわたる業種の広告キャンペーンを企画制作。07年よりブログ「ある広告人の告白（あるいは愚痴かもね）」を開始し、メディアでの執筆活動を始める。月刊経済情報誌『ZAITEN』にて「池本孝慈の超広告批評」を連載、不定期でレポートを寄稿。独自の広告的視点で様々な問題・課題に切り込むスタイルに定評がある。ツイッターアカウントは@mb101bold

「超広告批評　広告がこれからも生き延びるために」

2019年9月20日　初版発行

著　者　池本孝慈
発行人　鳥飼 寛
発行所　株式会社　財界展望新社
〒101-0054　東京都千代田区神田錦町2-9
電話　03(3294)5651
URL http://www.zaiten.co.jp

デザイン　株式会社ピーエーディー

印刷・製本　株式会社 技秀堂

©2019 ZAITEN　Printed inJapan　ISBN 978-4-87934-027-6

落丁・乱丁本は送料小社負担でお取り替えいたします。小社宛にお送りください。本書の内容を無断で複写・放送・データ配信などをすることは、かたくお断りいたします。定価はカバーに表示してあります。